izumi in dream I

オリオンビール
キリンビール
アサヒビール
冷し物
さとうきび
黒ざとう
伊藤園
冷し物
お菓子
オリオン
アサヒビール
さとうきび
黒ざとう
ルートビアー 100円
冷し物まとめ買い
冷し物
まとめ買い
沖縄Tシャツ
なんくるないさ
海人
買得品星砂 100

キリンビール
アサヒビール
冷し物
さとうきび
黒ざとう
伊藤園
冷し物
お菓子
オリオン
アサヒビール
さとうきび
黒ざとう
ルートビアー 100円
冷し物まとめ買い
沖縄Tシャツ
なんくるないさ
海人
買得品

防犯カメラ設置
LSS
Orion
Asahi
WILKINSON

まちぐゎー
イルミネーション
ワークショップ
くるみボタンでデコパージュ
ソープカービング・
トートバッグにデコパージュ
スタンプラリー

“izumisan”

machiko kyo / izumi aoyagi

いづみさん

今日マチ子――マンガ
青柳いづみ――文

筑摩書房

まえがき

いづみ／いずみとの出会いは『cocoon』という作品が舞台化されたとき。主人公サンを彼女が演じた。キャラクターは脱ぎ着できるということと、同時に、魂の内側、胚のようなものはその人の体内から抜け出ることはないということを知った。不完全ゆえに完全に見えるアンドロイドみたい。全く新しく完璧なサンを見つけ、圧倒された。

私は、今日マチ子としてカメラに撮られることを徹底して断ってきた。マンガを描く人間は完全なる黒子であり、そのイメージは作品内の千の顔たちに振り分けられるべきだから。

大きな受賞式で壇上にあがらなければならないとき、青柳いづみに代役を頼んだ。読むべき言葉を書き、渡した。果たして、そこにいるのは、私でもなく、いづみさんでもなく、私と同じ服をきた、知っているような知らないような女性だった。おそらく、演じられた今日マチ子さんだ。あるいは、いずみ。そうそう、こうでなくちゃね。

二〇一九年三月

今日マチ子

いづみさん　目次

1

声

〇月×日、突然声が出なくなった。舞台の公演の最中のことだった。公演は翌日まで続く予定だったけれど、つぎの日になっても声が出ず、公演は中止になった。劇場へ向かうまでの間、手足の一本や二本なくなってしまっても構わないから、たとえ声だけになってしまってもいいからどうかこの声だけは出てほしい、出ますように、と神様に祈ったけれど、声は出なかった。その日はみんなで劇場の近くを歩いて、インドカレー屋さんでカレーをテイクアウトして食べた。足下ばかり見ていたので、誰かが履いていた汚れたアディダスのスタンスミスの白色に反射し

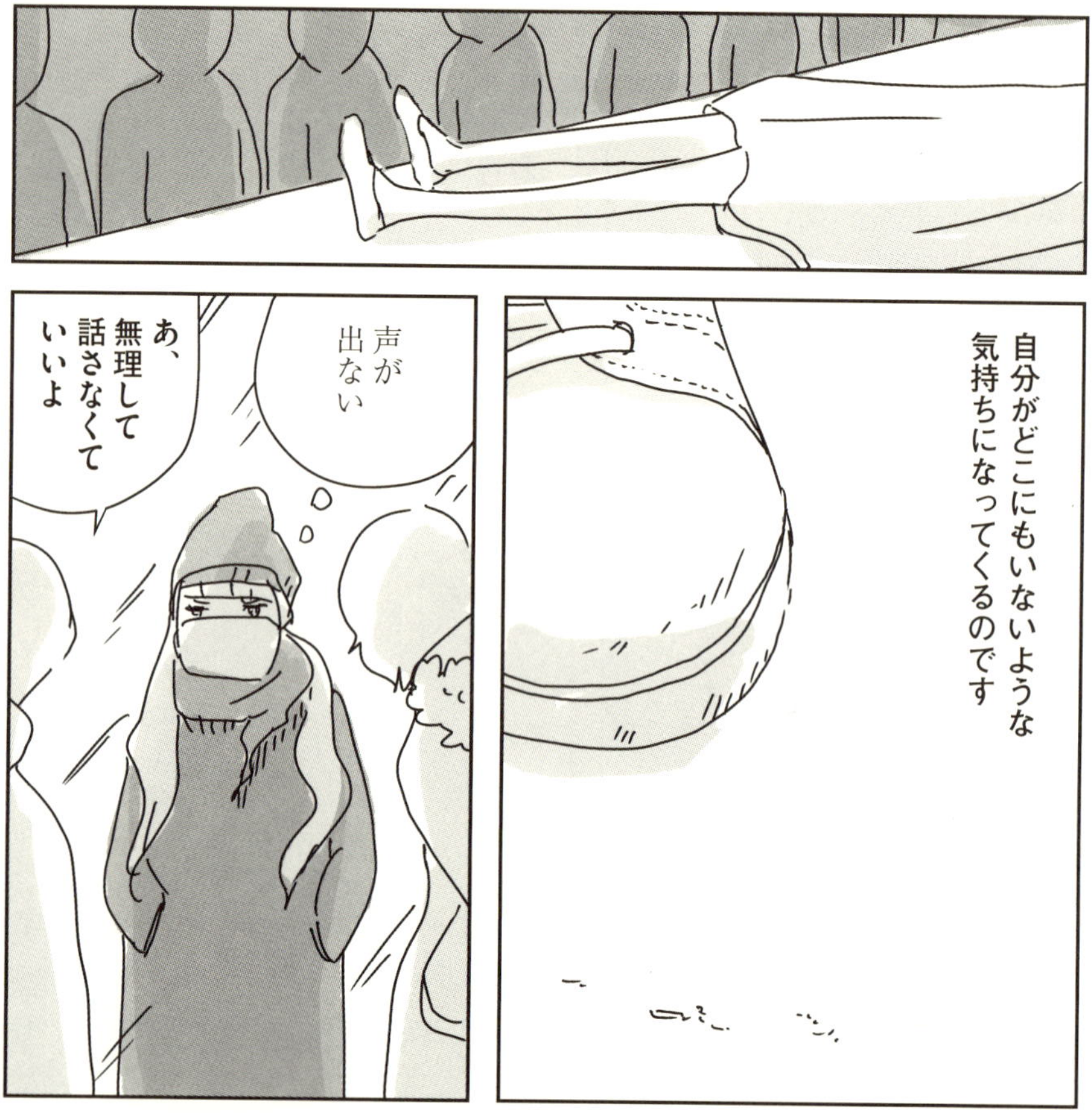

た光が眩しかったのを覚えている。役目を果たすことなく静かに淡々と片付けられていく舞台を、ただ見ていた。舞台の上に立っていないときは死んだみたいな気持ちになる、とずっとまえから思っていたけれど、ほんとうに、声の出せないわたしなんて、生きていないみたいだった。感じるものは寒気だけで、マフラーを二枚重ねでぐるぐる巻きにして、帽子を被ってマスクを装着し、お店の中にいるのにコートを何枚も着込んだままで、わたしは無言で俯いてまるで透明人間が変装しているかのような格好で、帽子を取ったらほんとうに、透明になってしまっているんじゃないだろうか、声のないわたしの実体はもうどこにもないんじゃないだろうか。

　つぎの日から、あるボイストレーニングの先生のところへ通い、出なかった声が出るようになった。幽霊のような状態から、足を生やし、重力を感じ、地面の感触を確かめ、その足で立つ、

哺乳類の第一歩から教わった。お腹をぐっと後ろに寄せて、左のお尻を下げ右足の付け根を張り出して、右横隔膜を突き上げるようにして歩く。文字にしておかないと忘れてしまいそう。それから声は、言葉は勝手に出てくるものではなく、骨を響かせてからだ全体を駆使して出すのだということも。「どうせ憑依させるならマザーテレサや菩薩を憑依させられるようになりなさい」とも。わたしは筒ではなくて、骨と肉のつまった生物だった。歩くことは、声を出すことはとてつもなく体力の要ることで、とても難しいこと。いろんなものがわたしのからだにくっついている。これまで透明人間だったわたしは、自分はヒーローみたいに無敵でなんでもひとりでできると思っていた。ひとりぼっちだったから、自分とは無関係に世界が客観的に存続していることに対して、さらには自分自身が存在していること自体に対してさえ無自覚で無関心だった。わたしはマザーテレ

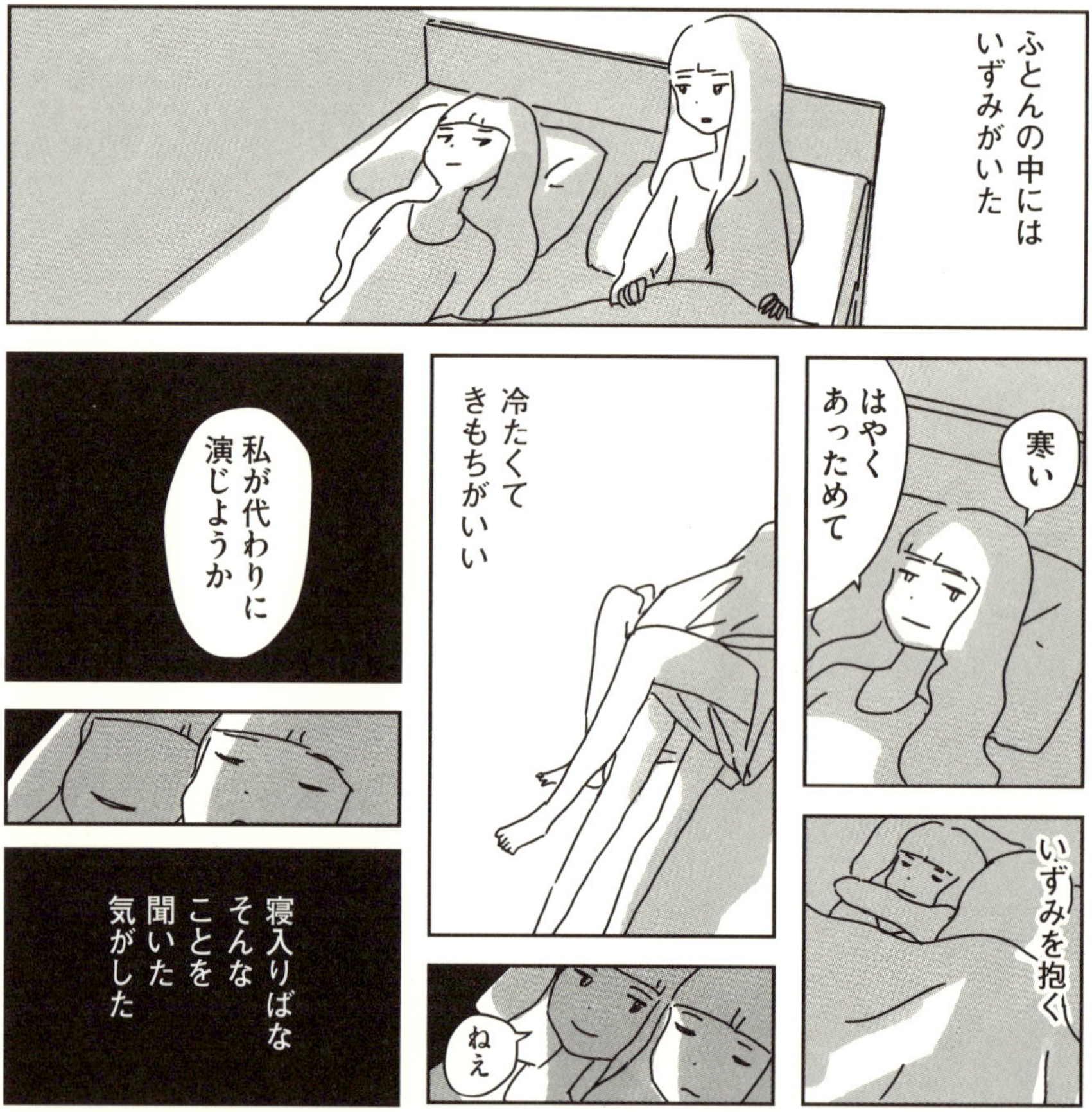

サでも菩薩でもなく、そして世界は誰とも関係なく今も回転を続けている。今、自分と自分以外の境界線が、はじめて見えたような気がした。

　帽子を取って見上げてみれば、目の前にはわたしの知らなかった世界が無数に散らばるように存在していて、その世界はまだ始まったばかり、わたしはここから、これからどこへでも行ける、他の誰のものでもないこの足で飛び、この声で自分以外の誰かに話しかけることもできる、人形のようにまだぎくしゃくとぎこちない音をたてて、わたしはその第一歩を歩き始める。

　P.S.　東洋医学の先生にも自分に合う漢方を処方してもらって「一緒にがんばって一流の女優さんになろうね、いずみちゃん！」と言われた。

　先生、わたしの名前はいづみです。

　一流の女優さんになれるよう、がんばります！

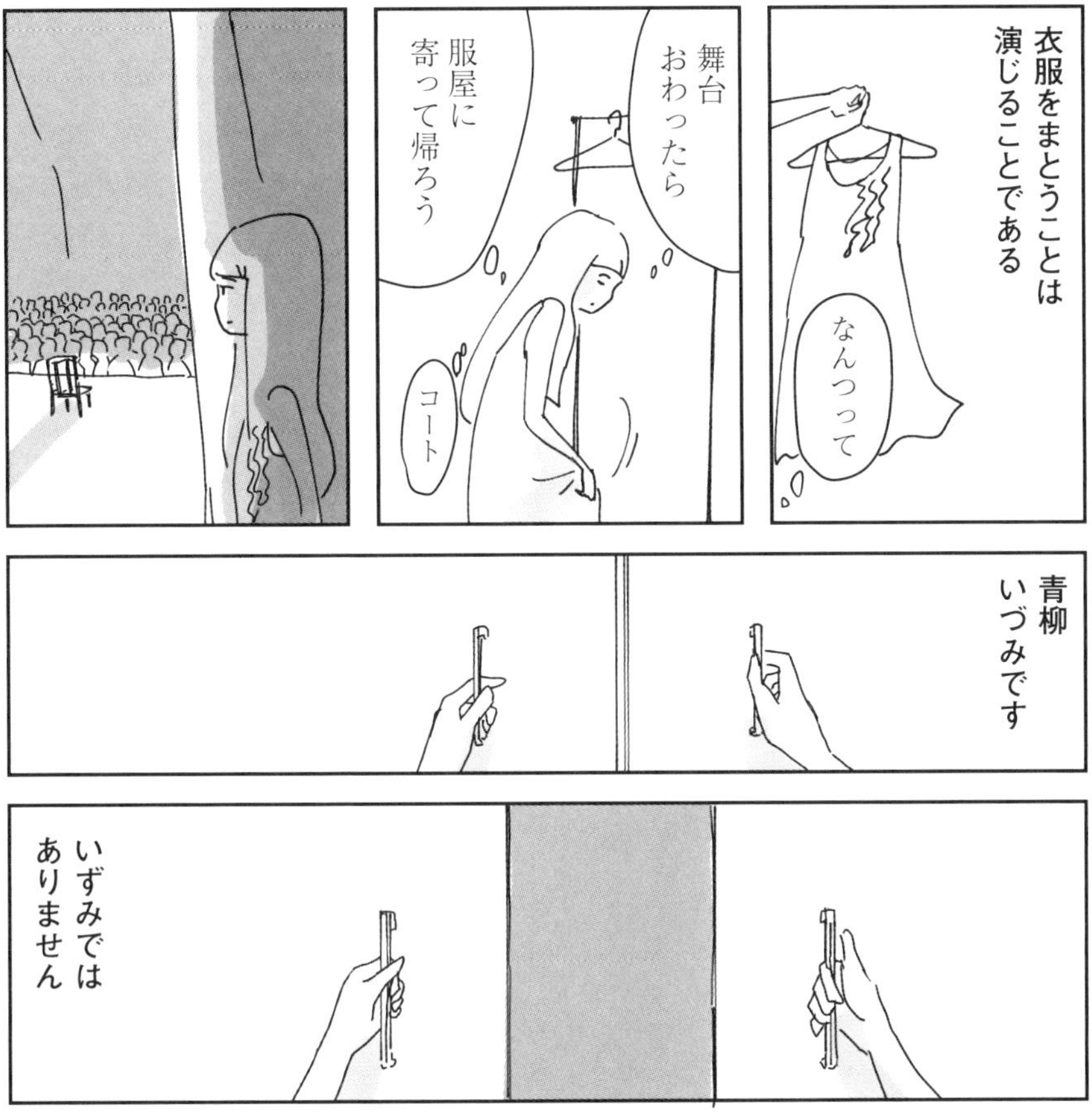

2

服

〇月×日、知り合いに連れられてはじめての洋服屋さんに行く。まったく買う予定はなかったのに、気づいたら七着買っていた。おかしい。勧められるがままに、緑地にびっしりとスパンコールがあしらわれたパーティーにしか着て行けないようなワンピースまで買ってしまうところだった。パーティーには誰にも呼ばれていないのに、クローゼットの中はパーティー要員でいっぱいだ。大好きな洋服たち。わたしに必要なものは、洋服。ただそれだけ。

　クローゼットには夢が詰まっている。たとえ今は着られないような服にも、もしかしたら袖を通すことはもうない

かもしれない服にも、どんな服にも物語がある。それらすべてにわたしは見惚れてしまう。夏が始まると、今年の冬はどんなコートを着たいかに思いを馳せる。どんなときでも、頭の中ではたくさんのコートたちが水槽の中の魚のように裾をなびかせひらひらと躍っている。ロングコートのフォルムはやっぱり特別好きだけれど、ワンピースの曲線、ニットの編み目、袖口のタックの膨らみ、細かなレースのひとつひとつ、シルクの手触り、ありとあらゆる色、素材、それらを見るだけで動悸が起こる。〝刺繍〟にいたっては漢字そのものを見たり書いたりなぞったりするだけでどきどきが止まらなくなる。素敵な洋服を身につけたときに脳内にドバッと分泌されるあれは、いったい何だろう。洋服だって演劇と同じ人間がつくっているものなのに、どうやったらあんな分泌物を放出させることができるのか、まったく仕組みがわからない。好きなのに、わからないことが

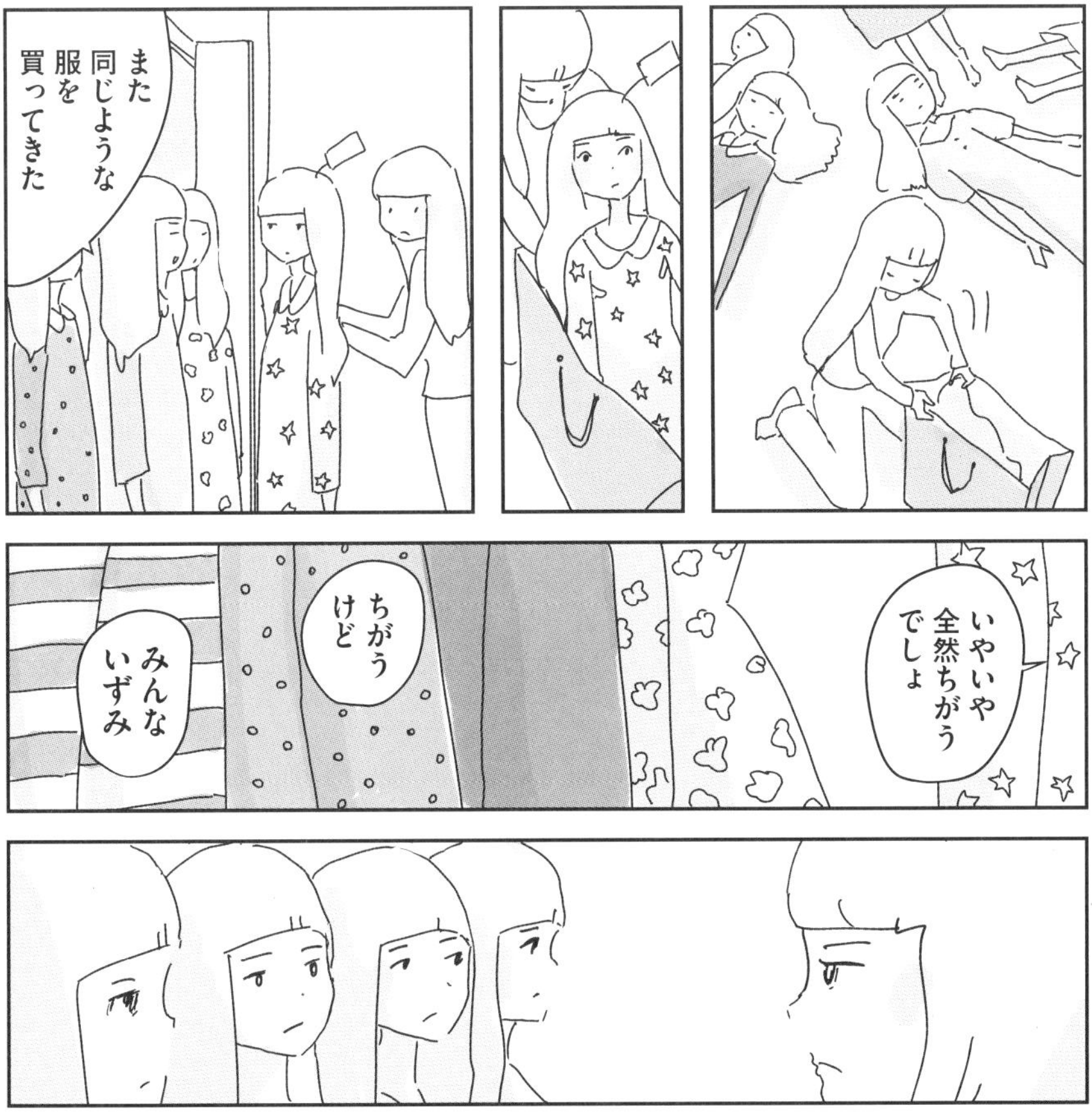

多過ぎる。洋服のパタンナーをしているひとは、たとえば今乗っているこのバスの車窓から見える風景さえもパターンに、平面に起こすことができるのだそうだ。彼女にはビルも木もひともすべてぺらりと捲れて、プリーツで折りたたむことができるらしい。見たこともない地球という立体から平面の世界地図をつくるのと同じようなことなのだろうか？ でも、なかったところからあるをつくるのは、はるかに難しいように思う。洋服をつくるひと、ないからあるをつくるひとの目には、世界はどう映っているのだろう。わたしはわたしの目でそれを見ることはできない。できない？

P.S. 以前舞台の公演のためにパリに行ったとき、素敵な下着屋と水着屋さんを見つけました。ベージュの胸元が大きく開いたワンピース型の水着。試着して店員さんに見せたら「Too much!」と物凄い形相で言われました。

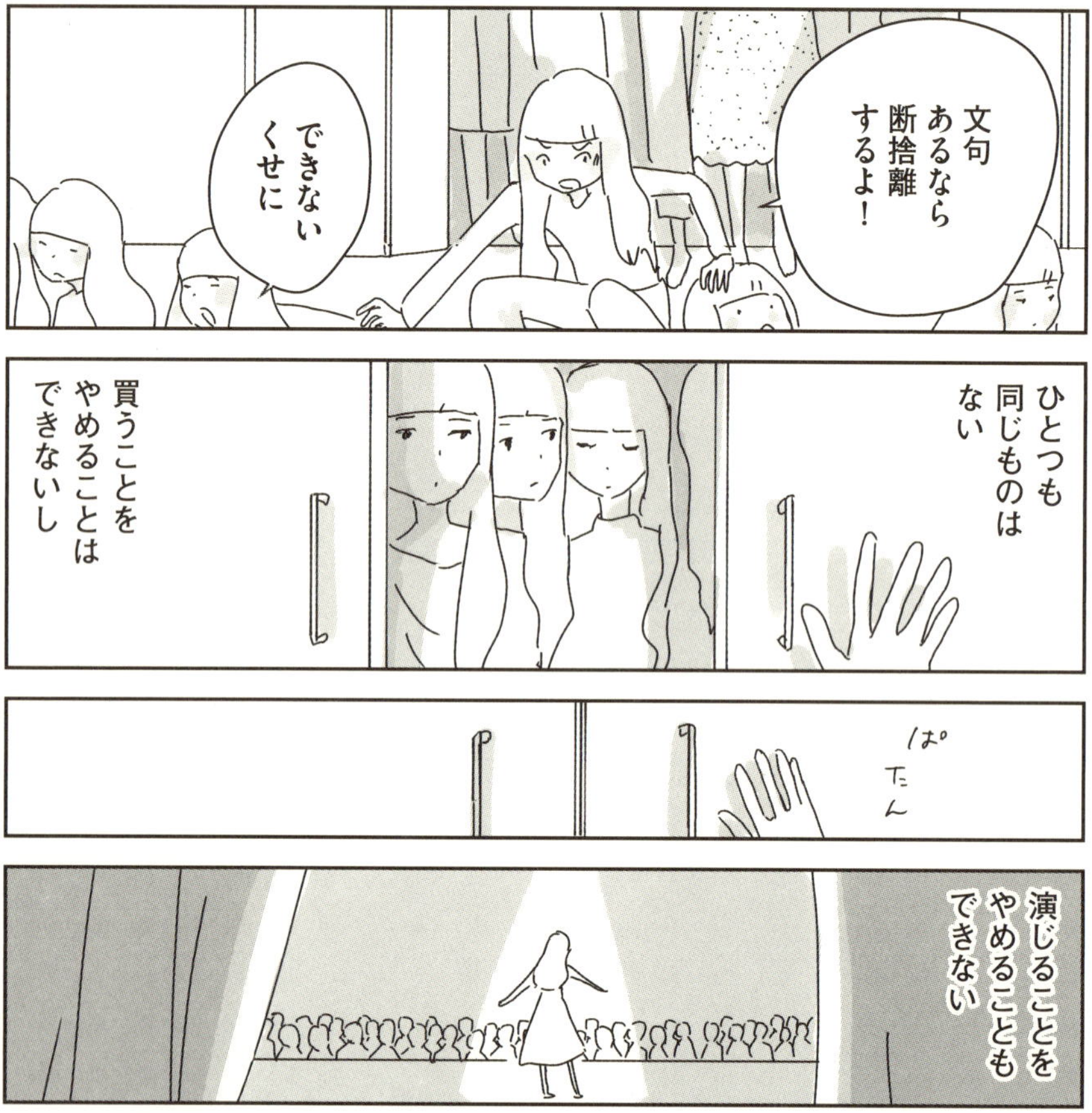

店員に「too much」と言われるのは初めての体験で、一瞬それを日本語に訳せませんでしたが、別のタイプの水着も五、六着あれこれと試してみても、店員さんの意見は変わらず「too much」。最後にこれで駄目ならもう終わりという感じで持ってきたのは真っ黒の、まるでただのスクール水着。店員さんはやっと「似合う！」と喜んでくれたけれど、わたしは結局買いませんでした。素敵な水着を着られるお人形になりたいです。

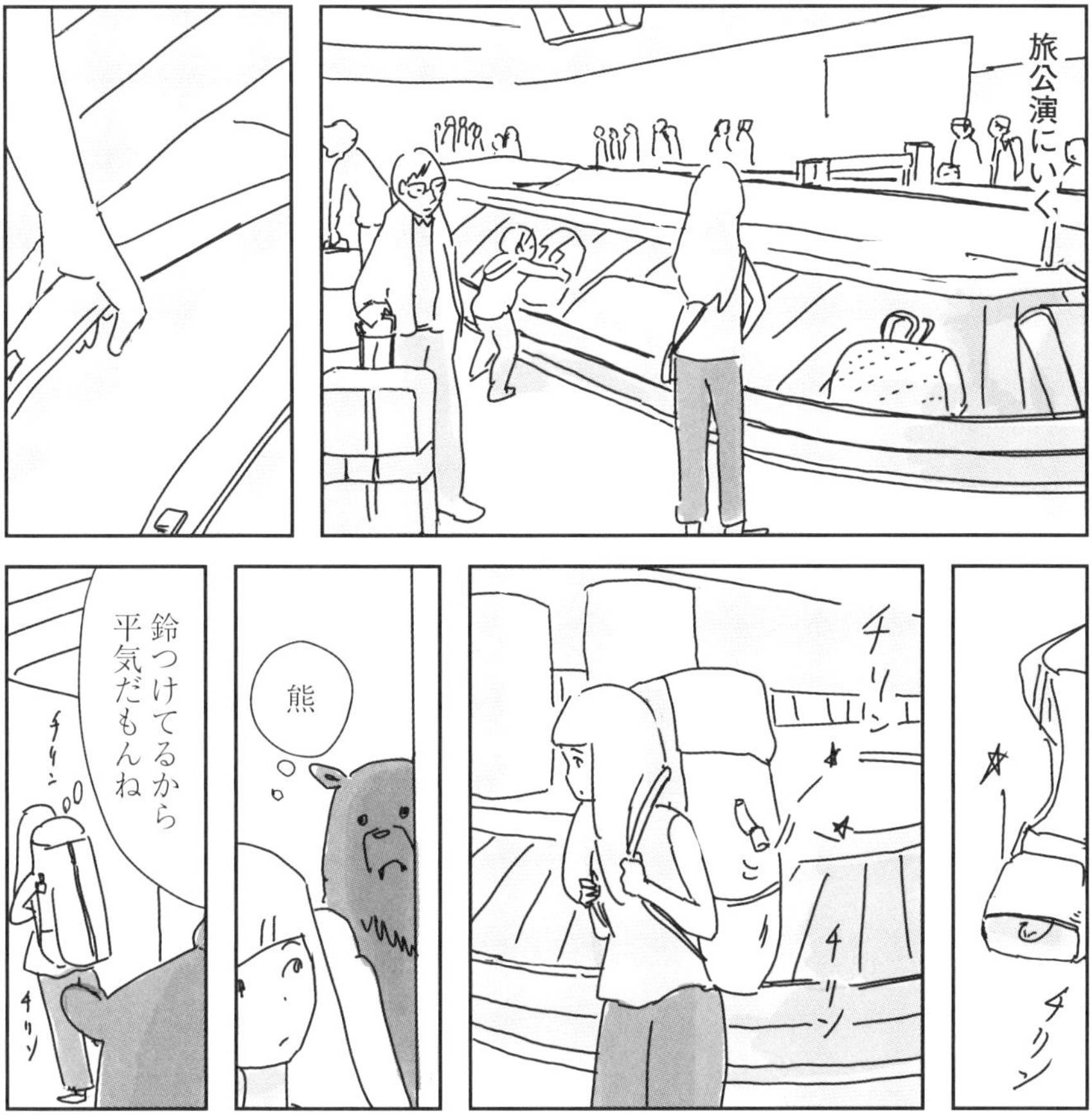

3

北京

○月×日、北京に行く。北京にある劇場で公演をするためだ。海外での公演は毎年毎年人知れずあって、鬼のように海外公演ばかりの年も多い。外国に長い間行っていると、そこでどんなに演劇をやっていても、日本にいるひとからは「最近見ないね。何してたの?」と言われる。遠く離れた場所で起こっていること、知らないことが、なかったこと、存在しなかったことみたいになる。それは距離だけの問題なのだろうか。でも今年は北京だけ。北京。天安門。万里の長城。パレード。空に舞う煙。兵隊さん。

　海外公演は好きだ。食べ物が合わな

いし移動も時間がかかる、慣れない場所での公演なんて大変ではないのかと思われがちだけれど、わたしは好きだ。まずスーツケースが好き。大きい鞄。最近はもっぱら35ℓのバックパックを使用している。鞄ひとつにわたしが全部詰まっている。鞄ひとつ分だけの、わたし。鞄の中身は、目覚まし時計と本とパジャマとスリッパと薬と傘とテープとジップロック。紙とペン。少しのお菓子。必要最低限のものだけ。服なんか、三日分でじゅうぶん（だったらなぜ大量に服を買うのか）。鞄の脇には熊除けの鈴。この鈴のおかげで今のところ世界中どこに行っても熊にはまだ出くわしていない。大事な点は、ヨーロッパでは特に荷物がよく紛失するので、衣装だけは必ず機内手荷物で持ち込むこと。出汁とか麺とか食べ物を持って行く人もいるけれど（みんなトラベルクッカーという魔法の道具を持っていて、台所のないホテルでもお米を炊いたりスープを煮込んだりして

いるのだ）、わたしは料理がまったくできないため何も持っていかない。どんな国でもケバブ屋はあるので、いつも移民の彼らに助けられている。あとアラブショップ。

　いままでアジアにはどちらかと言うと苦手意識を持っていたのだが（とにかく辛いものとパクチーが駄目だから）、幸い、朝散歩をしているときに広場で肉まん屋さんを見つけた。ひとつ三元（六〇円くらい）の味が違う三つを公園で食べた。おいしかった。そばで流れている川も綺麗だった。淀んでいない、流れる川。水面に反射する光を見ていたら、瞬間は永遠だ、と最近読んだ本に出てきた言葉を思い出した。まったく別の言葉なのに、瞬間の中にしか永遠は存在しない。

　わたしのアジア体験と言えば、フィリピンで大量の蟻と共同生活をしたことや、歩いていて突然コンクリートの底の見えない大きな裂け目に落ちそうになったことや、上演中に照明機材が

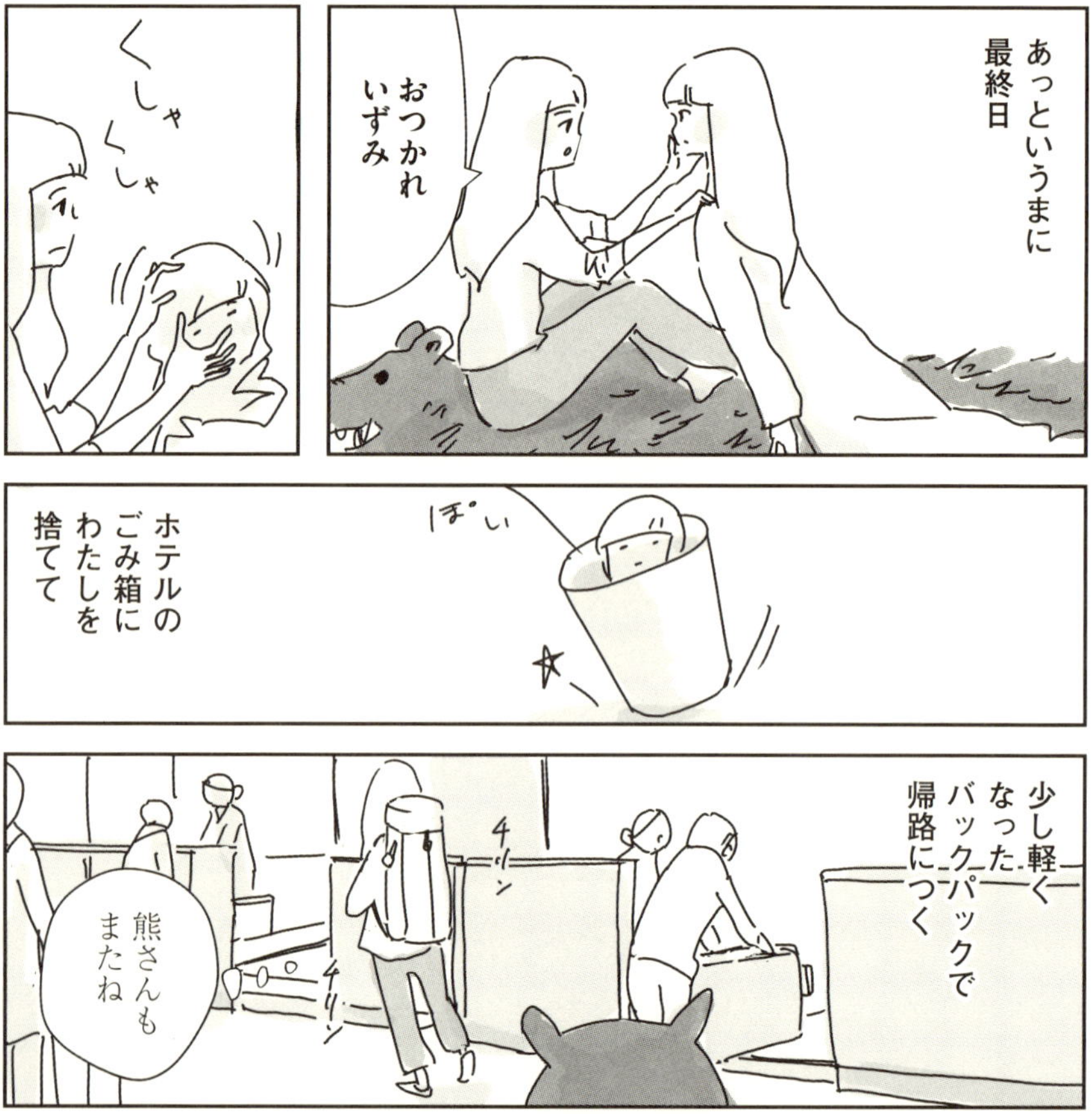

落ちてきたことや、タイではダニノミと生活を共にし洪水にも見舞われ茶色い川の中で食事をとったことくらいしか記憶にない。トイレットペーパーはトイレに流せないし。でも北京で食べた肉まんのおいしさ、川の美しさは、そういったアジアのいろいろを全部、忘れさせてくれた。これからはケバブと肉まんだ。

　翌日、日本へ帰る飛行機の中で、急激な腹痛に襲われた。海外へ行くようになってからここ一番の痛みだった。ほんとうに、本番中じゃなくてよかった、と心から思わせてくれる下しっぷりだった。やっぱりアジアは苦手だ。日本もアジアだけれど。

　P.S.　最終日に観光で天安門広場に行ったところ、入り口にあるセキュリティーチェックで舞台の台本をチェックされました。日本語なのに。性的表現が引っかかったのだろうか。でも通してくれました。

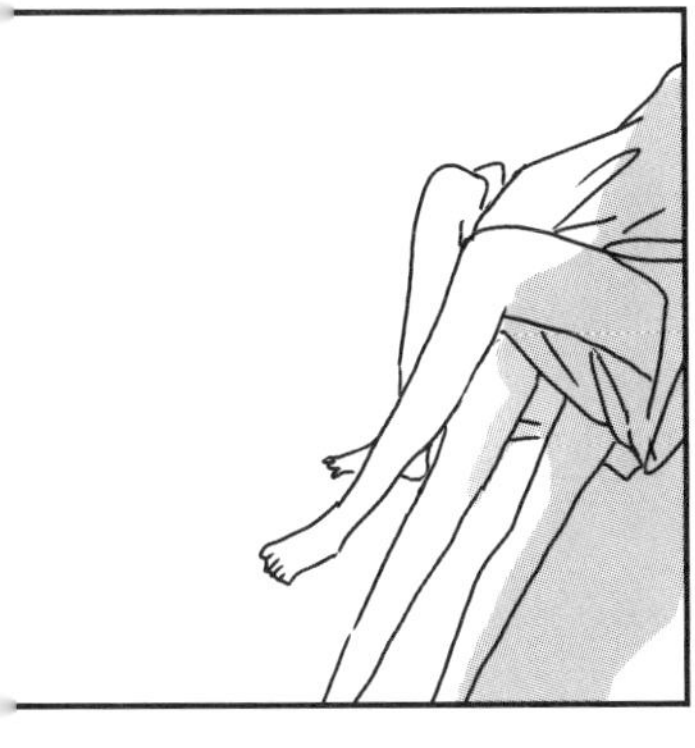

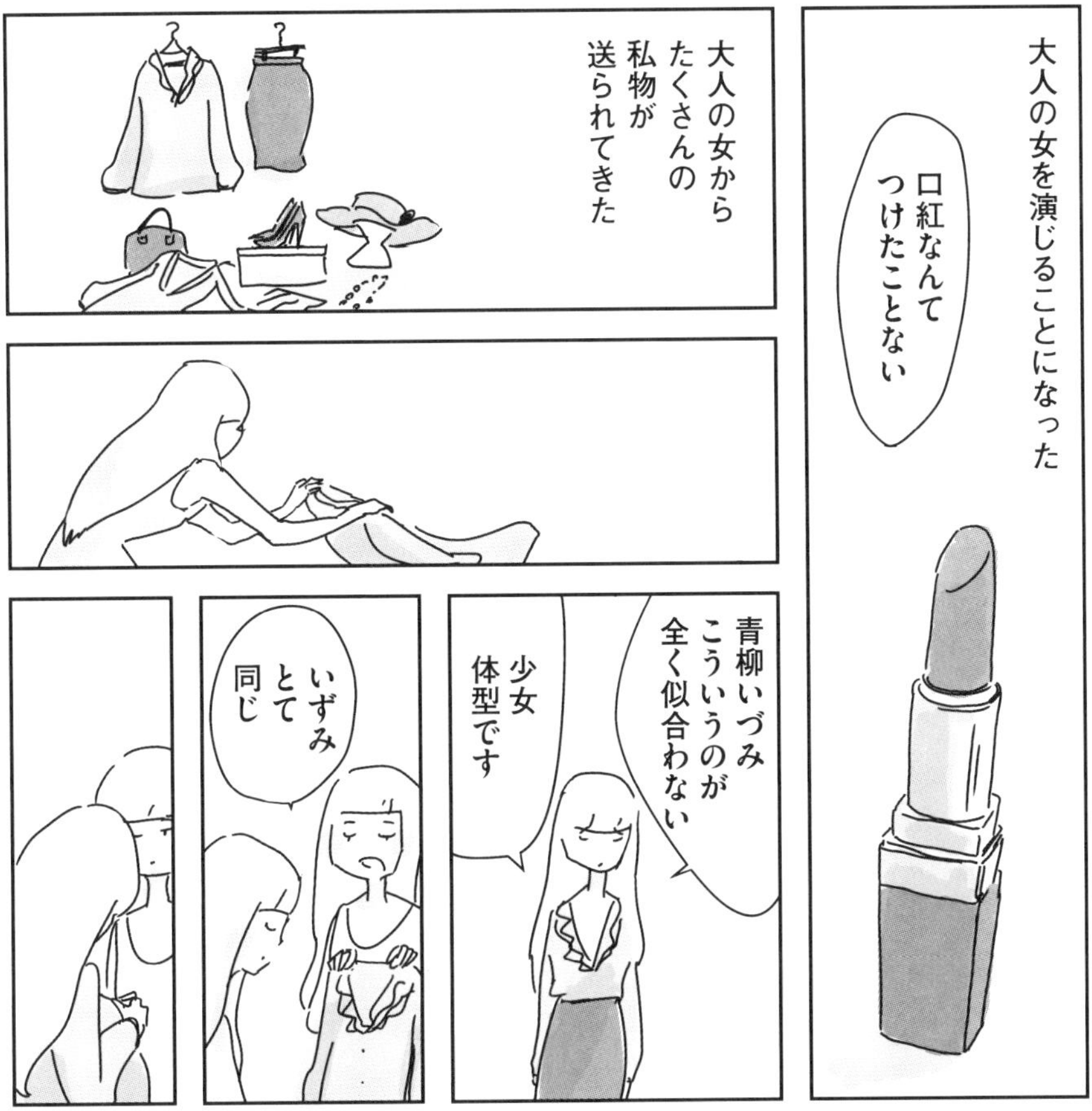

4 口紅

○月×日、口紅をもらう。シャネルの19番ガブリエル。永遠の赤。赤い口紅の象徴。いままでリップクリームもまともにつけたことがないどころか、お化粧の基本的な作法さえわたしはいまだによく知らない。最近やっとファンデーションというものの存在を知った。パウダーも然り。コンシーラーの意味はまだよくわかっていない。シェーディングって何？ そして口紅はどこからどこまで塗ればいいのかわからない。いつも塗りすぎてナポリタンみたいになってしまう。口紅をプレゼントしてくれた女性は、口紅以外にもたくさんのものをくれる。未使用の化粧

品類全般、大量の洋服たち、それから下着たち。女のひとのぜんぶだ。これぜんぶを身につけたら、たぶん、女のひとになれるんだ。彼女の抜け殻たちを前に、そう思う。彼女の送ってくれる、どこに袖を通せばいいのかわからない服、胸元の大きく開いた服がどうしても似合わないわたしは、なんだかまだ女のひと未満の〝もの〟のような気がする。下着なんて、問答無用でサイズが合わない。それでも何とか自分にも着られそうなものを選んで、まだ着る機会はないけれど、クローゼットにしまってある。服たちはわたしの家のクローゼットの中にあるはずなのに、どこか遠い外国の家の三角屋根を思わせる。反射する光が眩しい。

　舞台の上で、彼女が着ていた深緑色のミニのワンピースをわたしが纏い、彼女のつくる詩をわたしが発語する。喋っているそのものは、彼女でもわたしでもない。一時間半、彼女の書いた言葉を延々喋り続けても、彼女のこと

はわからない。あなたがわたしではないように、わたしもあなたにはなれない。人間が人間を全部わかると思うと、どこかで間違いを犯す。ひとつがわかったところで、全体がわかったことには、決してならない。わからないから、わたしは想像する。言葉でも感情でもなく、想像すること。その想像を、パブリックなものにすること。それが演劇になる。わたしは彼女の部品になる。彼女の身につける口紅、身に纏う洋服と同じ、彼女ではないけれど、彼女の部品なのだと想像する。役者を駒みたいに使うなんて、と罵るひともいるけれど、役者が駒でなくって部品でなかったら何なんだろう。いったい何だと思ってるんだろう。作品の本体はわたしたちではない。本体があるとすれば、それは観客である。

　わたしの声が一時出なくなったあと、彼女は自分がずっと身につけていたネックレスをその場で外して、くれた。馬蹄の形をしたネックレス。彼女を離

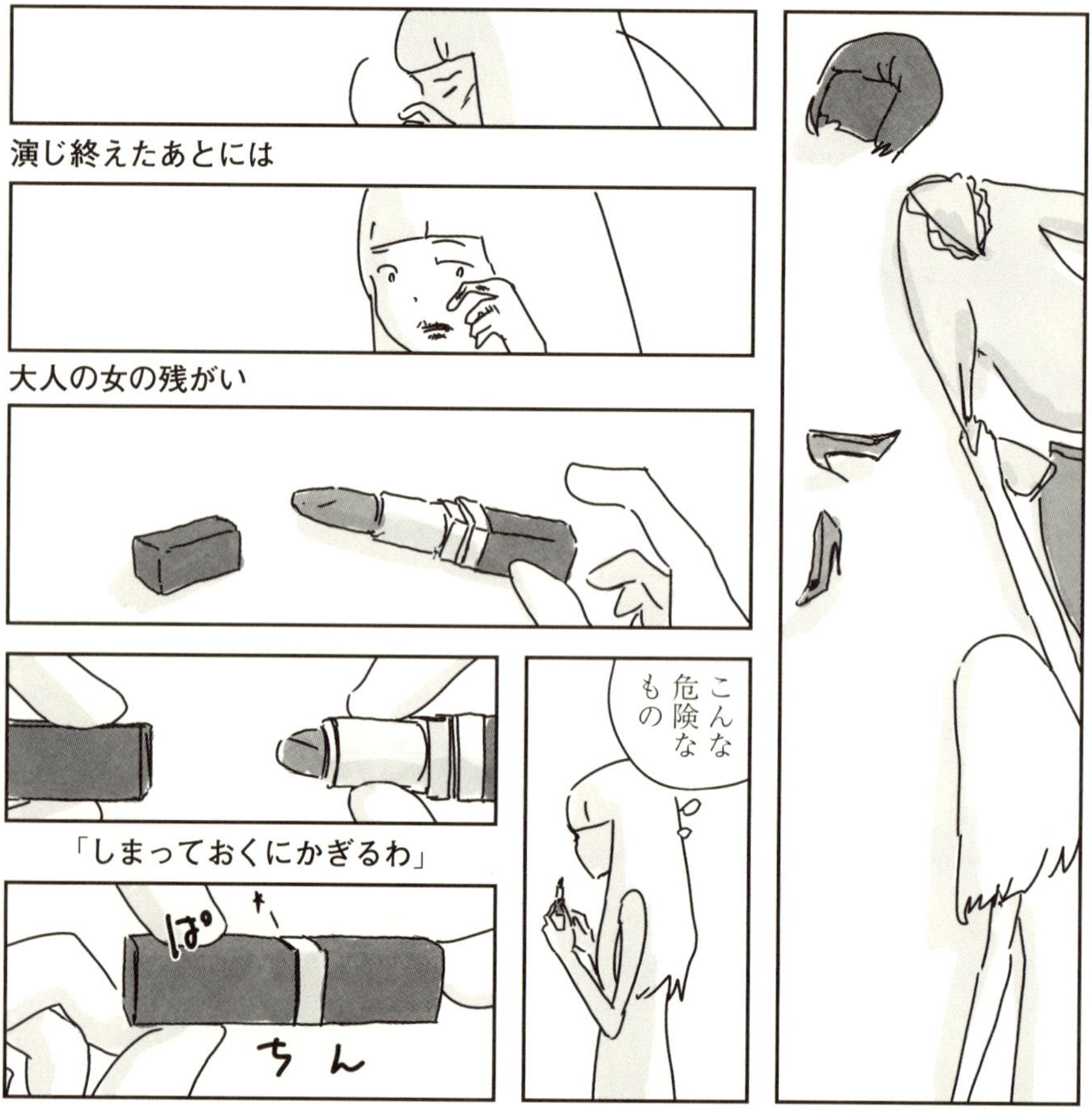
演じ終えたあとには
大人の女の残がい
こんな危険なもの
「しまっておくにかぎるわ」
ぱ
ちん

れて、今は常に、わたしの首にかかっている。部品がひとりでに歩き、言葉を覚えて、誰かに確かに見られ、これからまた想像を広げていく。

P.S. 赤い口紅にもピンクや青に近い赤、プラムのように濃い赤、ラメがまじったの、つやつや、マット、様々あり、お化粧を覚えてから馬鹿のひとつ覚えのように赤い口紅ばかり買いまくりましたが、結局いちばん最初の赤のガブリエルがいちばん似合うみたいです。

5

秘密

〇月×日、あるひとから秘密を打ち明けられる。とてもびっくりする内容で、あまりにびっくりしたので、一人にだけなら言っていい？　と聞いたら叱られた。当たり前だ。秘密なんだから、一人も何人もなくだめだろう。でも、わたしはわかっていない。わたしは秘密が守れない。秘密を守らなければならないという正義感ばかりが強く膨れ上がり、結局空回りしてしまって守りたいものを守ることができない。それを繰返す。正しいことをしたつもりがいつも間違える。何かが間違っている。いいと思うことがだめで、だめだと思うことがよくて、わたしが思う

世界とまわりの世界が、どこかでねじれて食い違いが起きているような、そんな気がしてしまう。誰も起きていない時間に自分だけが起きていると、世界の相が変貌してみえてくるときのように。

　秘密を守れない＝嘘をつくのが下手なわたしは演劇の稽古でよく行われるシアターゲームというものが大の苦手である。特に嫌いなのが〝人狼〟系ゲーム。〝良いひと〟と〝悪いひと〟を割り振って、〝良いひと〟が隠れて悪事を働く〝悪いひと〟を見つけて裁くゲーム（だと思う）。極度の負けず嫌いも祟ってか、どうしても勝ちたいためについた嘘がすぐバレて、悪い奴に瞬殺されたり善良な市民に糾弾されたり。こないだもわたしがテロリストだということが一ターン目で暴かれてしまってゲームがすぐに終わった。これでわたしが実はSWATだったりしたらすごく格好良いんだろうけれど、そんな逆転の発想はわたしの回路にはな

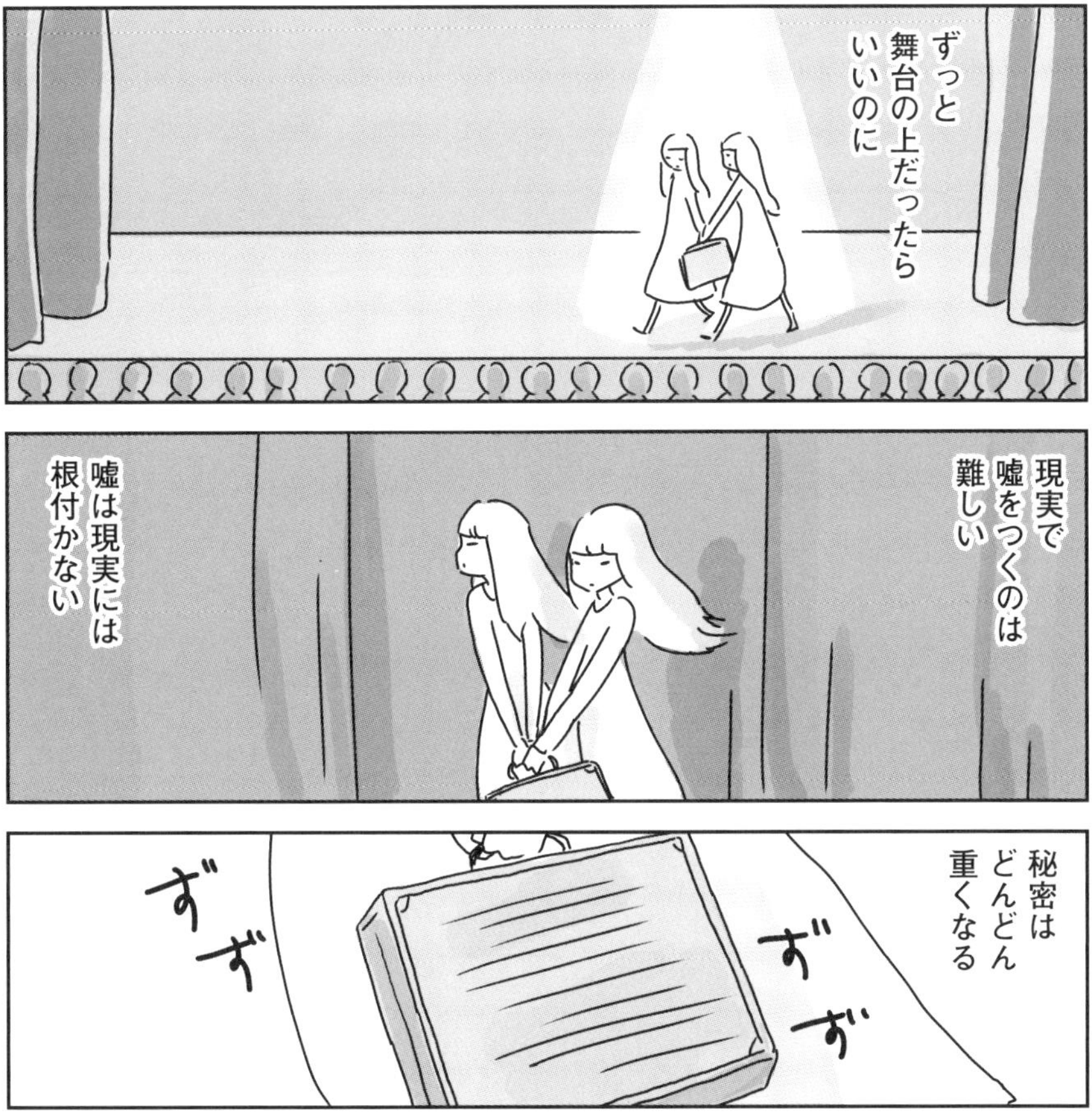

い。何度もやるうちにゲームに強い人が「演技のパターンがわかってきた」と言っていて、そのときはじめてみんなが演技をしていることを知った。みんな当たり前に嘘をついている、という世界の秘密をはじめて打ち明けられたようで、自分だけが起きていたのではなくて、自分だけが眠っていたのだということ、世界が逆さまだったことに今になって気づいた。みんなが演技をしているなんて、ずっと知らなかった。しかしよく考えてみればシアターゲームなんだから演技をしないでどうするんだ。ここでの戦いがいずれ演劇へと繋がり発展していくから、今ゲームをやってるのだろう。

　しかしここで言う〝演技〟とは何なのだろう？　テロリストがＳＷＡＴのふりをして本物のＳＷＡＴを騙して爆弾を爆破させられたら、演技が上手いということか。多分そうだ。だとしたらわたしは演技がものすごく下手、という以前に演技ができていないことに

なる。でも、嘘をつくことや、自分ではない何かのふりをすること、それが演じることに結び付かない。

ゲームの外のこの世界でも、まわりは嘘をついて、何かのふりを演じて生きているのだろうか。それは生きていく外の世界が不安だからなのか、それとも生きていく外の世界に自分の内部から溢れだすかもしれないものがこわいからなのか、どっちだろう。

P.S. 先日またテロリストになりましたが、やっぱりすぐにバレて逮捕されてしまいました。懲りてません。秘密はまだ守れています。

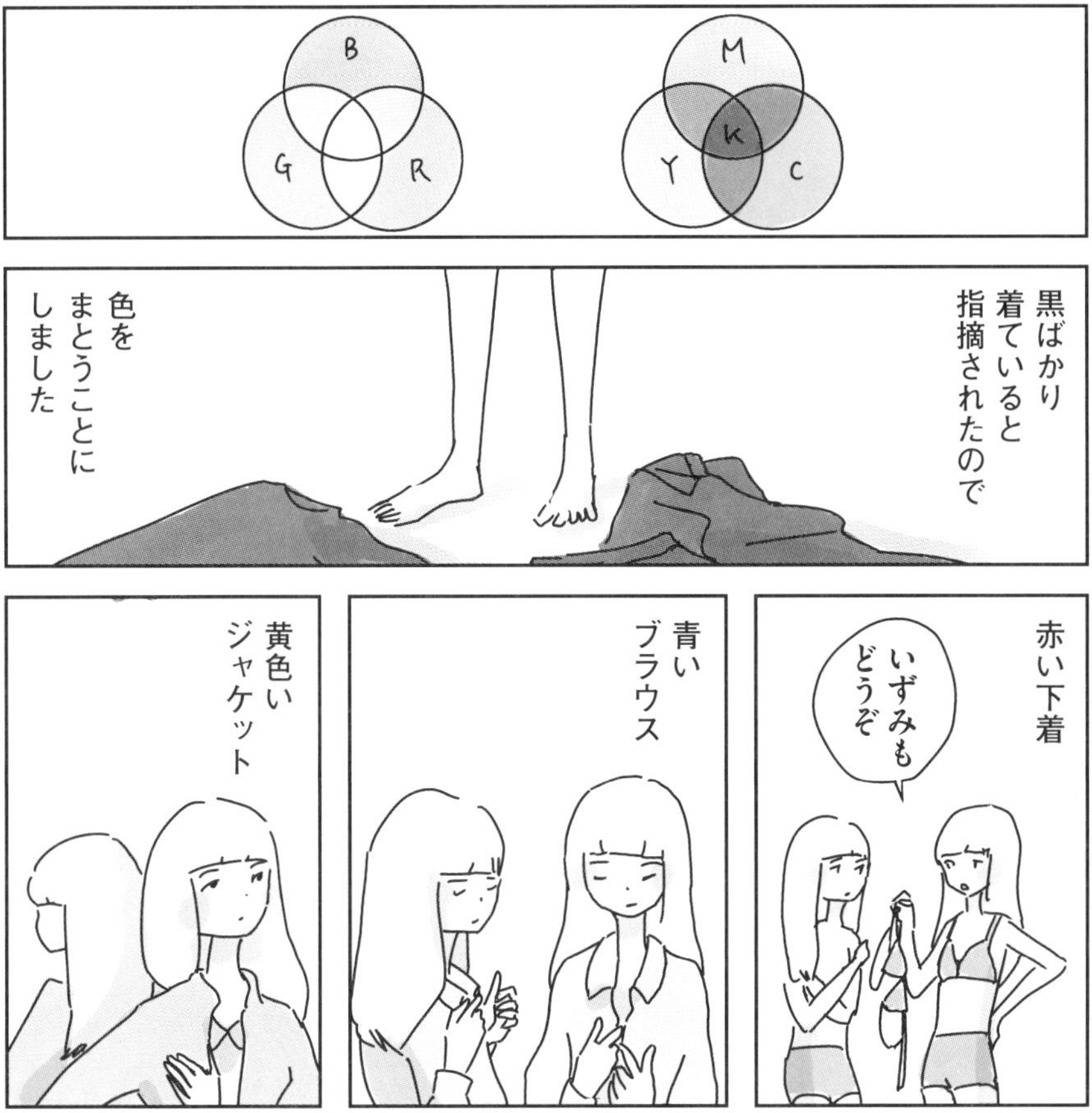
B
G
R
M
K
Y
C
黒ばかり着ていると指摘されたので
色をまとうことにしました
赤い下着
いずみもどうぞ
青いブラウス
黄色いジャケット

6

色

○月×日、整骨院にて色診断を受ける。色を診てもらうために行ったわけではないのだけれど、先生のきまぐれで診断してもらうことになった。まず、十三色の折り紙を机に置いて一色ずつ胸にかざし、その上から先生が指をトントンする（先生はからだを診るときも自分の指をトントンして他人のからだの内部と会話をしているらしい）。赤や青や緑、薄い色濃い色、そして金銀まで、色とりどりの折り紙。茶色とか肌色だったら嫌だなと思いながら「次、次、」と言われるままに次々と十三色を胸にかざす謎の儀式を続け、十三色を三巡ほどしたあとで先生が「こ

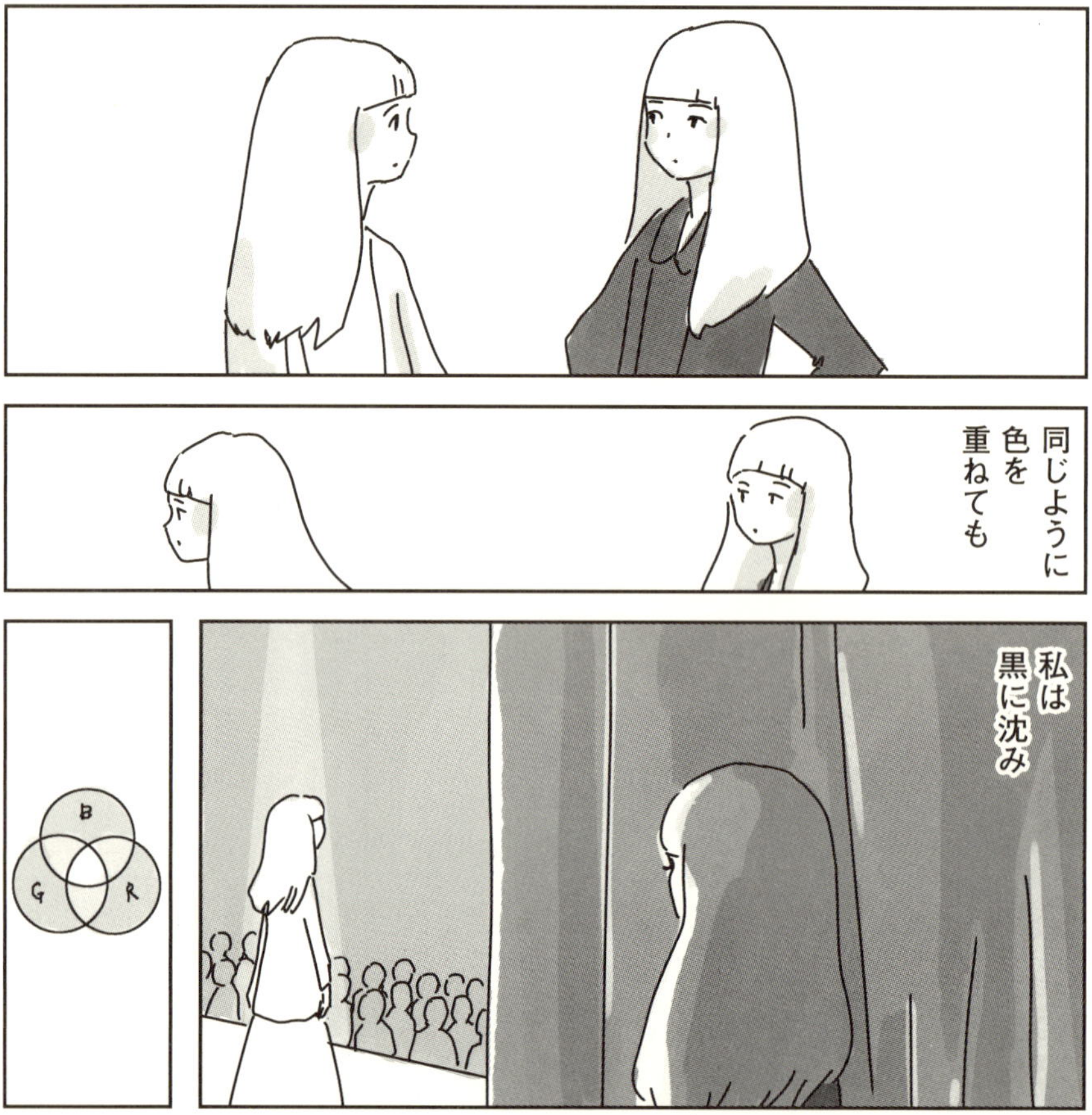

れ以外に色あったっけ？　あんたの色ないよ」と言った。色がない、なんてことがあるのだろうか。その日わたしは全身黒い服に身を包んでいて、黒を着ているとほんとうの色が見えにくくなるからと言われて先生の私服の灰色スウェットを借りて診断に臨んだのだが、どうやら黒い服を脱いでもからだに黒の成分が染み込みすぎていて見えないのだという。〝黒〟は他人への拒絶の現れで、このままだと誰も受け入れることができないよ、仕事も恋愛も！　と占い師みたいなことを言われた。そしてしばらく（三日くらい）白い服を着続けてそれから出直して来いと言われ追い出された。肝心の診察はしてもらえなかった。

　確かにわたしは黒い服を持ってい過ぎだし着過ぎだ。その上今年新たに買ったものは黒い靴だし黒地に黒い花刺繍のロングワンピースだし今欲しいコートも黒だし、黒過ぎもいいところだ。昔ある女性タレントがテレビで「黒い

服は着ない、ハッピーじゃないから」と言っていたけれど、ハッピーじゃないとはこういうことだったのか。何だかよく分からないけど反省して、それから三日ほど白い服を着るように心がけてみたものの、そわそわしてしまっていけない。白い服が似合わない。まったく落ち着かない。やはり誰も受け入れたくない気分なのだろうか。黒は色じゃないのだそうだ。すべての光を吸収する、色ではない色を着続け、何色なのか、何者なのか、どんどんわからなくなっていく。

そういえば以前、東洋医学の先生に診てもらったときに、舞台の本番中はピルを服用しているという話をしたら、ひとは匂いで自分に合うひとを本能的に嗅ぎ分けるらしいのだが、ピルは嗅覚を狂わせる作用を持っていて、本来合う匂いとは真逆の匂いのひとを選んでしまうことになるらしく、要は運命の相手を見誤るよ、と脅された。ピルの服用については個人で見解が分かれ

ると思いますが、わたしはこの一言でピルをやめた。いままでのわたしはピルを服用していたから運命のひとに出会えて来なかったのだな。理由が判明してよかった。

これからまずは小さなところから色を取り入れていく、という努力をしようと思います。わたしが何色かに、何者かになれる日、誰かを受け入れられる日は、はたしてやって来るだろうか。

P.S. 最近は「色を取り入れる」という思いを強く持ち過ぎて履き違え、全身えんじ色、とか全身紺色、とか戦隊ヒーローの一員みたいになってしまっています。ちょうどいい加減、というものを知らない。

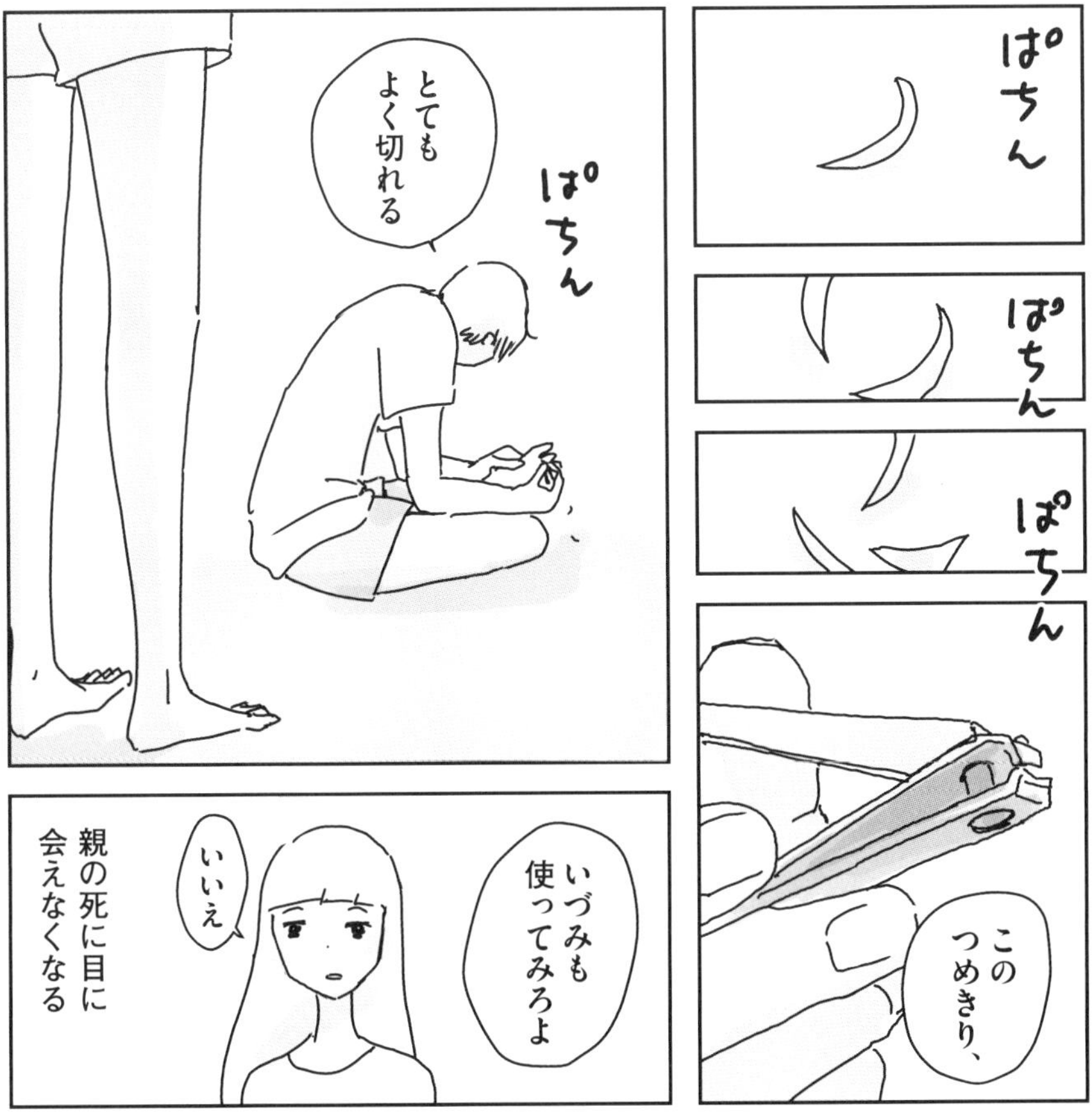

7

掟

○月×日、真夜中に爪を切っているひとを見つけてしまう。ジーザス！

〝夜に爪を切ってはいけない〟というのは祖母に小さい時分から言いつけられてきた決まりごとのひとつで、いまとなってはなぜ夜に爪を切ってはいけないのか理由も定かではないし、そもそもほんとうの理由なんてきっとないのだけれど、わたしの中で〝夜に爪を切る〟行為は完全にアウトだ。夜中に無性に爪を切りたくなることがあっても、人生ぜんぶでわたしは我慢してきた。

　自分の観念をひとに押し付けるつもりはまったくないのだが、夜爪に関し

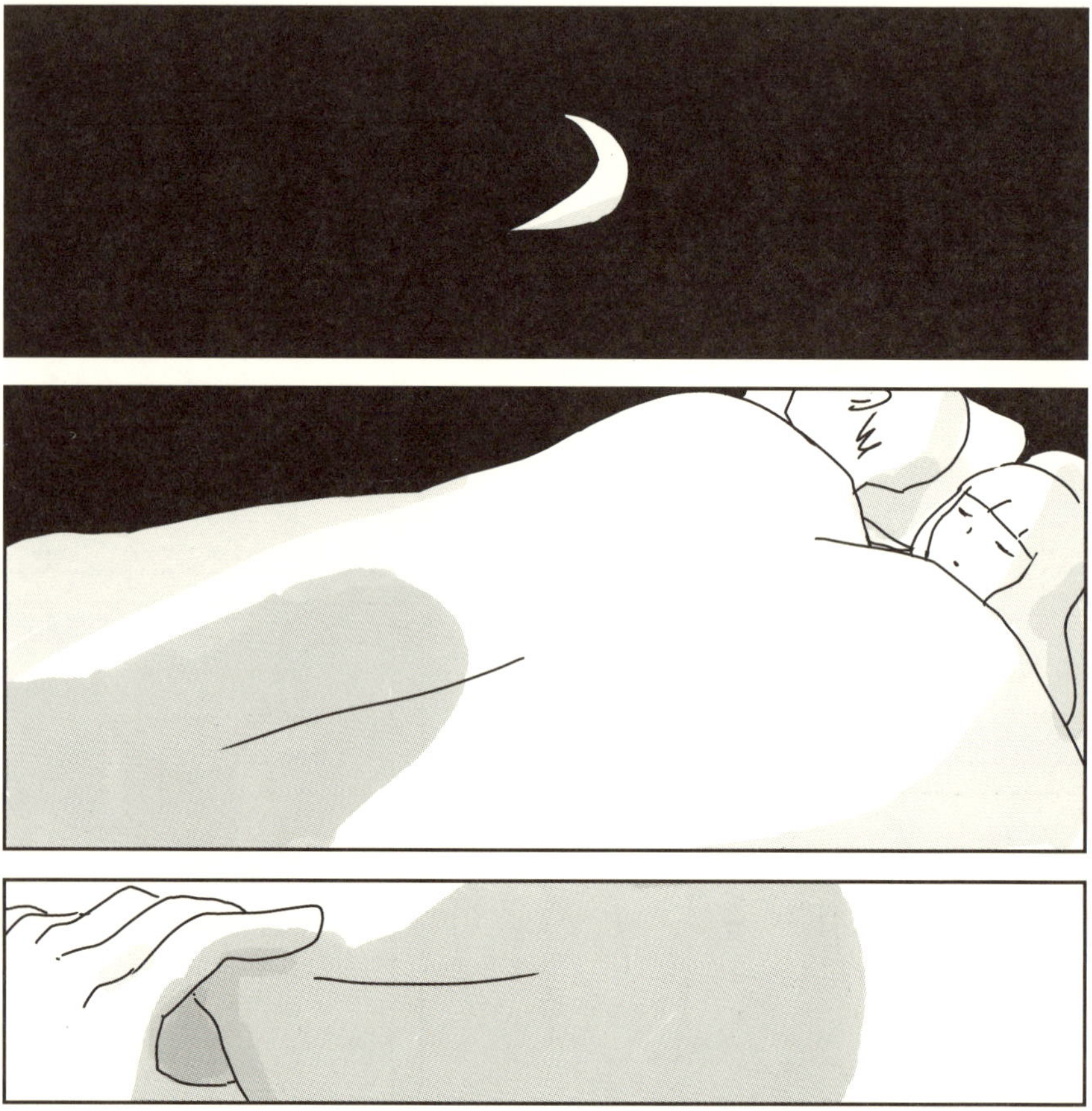

てはたまらず〝夜に爪を切る〟ことは絶対にしてはいけないことではないのか、と進言してみたところ「え？　なんで？」とさっぱり意味がわからないというような顔であっさりとはねのけられてしまって狼狽えた。夜に爪を切ってはいけないのは家《うち》だけなのだろうか。

〝夜に爪を切る〟行為以外にも、家では〝してはいけないこと〟がたくさんある。

家の中の畳の縁《へり》を踏んではいけない。

夜に新品の鞄や靴をおろしてはいけない。

お墓の前を通るときは親指を隠さなければいけない。

夜に口笛を吹いてはいけない（わたしはもともと吹けないけれど）。

夜に学校の前を通るときは校舎の窓を見てはいけない。

赤帽を見つけたら三回拍手し、すぐに黄色いものを見る。etc.……

数え上げたらきりがないほどたくさ

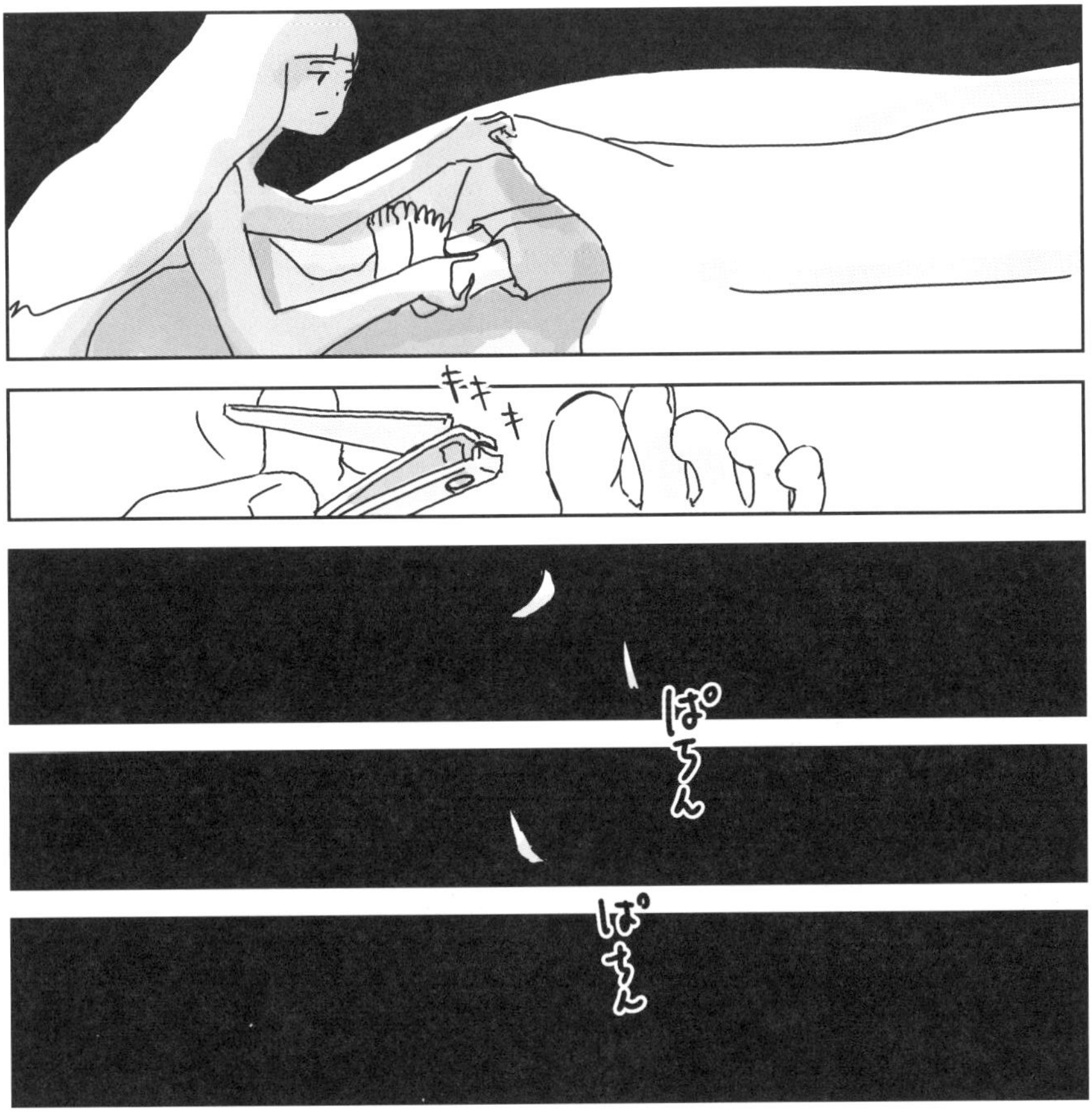

んの掟があって、それらの掟の中でわたしは生きてきた。どれも理由はよく知らない。いったい、何のために、誰に向けて、掟を守ってきたのだろう。見えない神様に向かって？

　しかし、わたしは神様に懺悔しなければいけないことがある。たったひとつ、掟を破ってしまったのだ。

〝夜寝るときに靴下を履いて寝てはいけない〟である。

　夜に靴下を履いて寝るという行為は亡くなったひとのようで縁起が悪いらしい。ほかの決まりごとはきちんと守ってきたのだけれど、冷えにはどうしても勝てなかった。祖母は「靴下履いたほうが冷える」と言っていたが、わたしは掟よりも祖母よりもネットで調べた〝からだを温める〟ことを選んだのだ。なんだか人間ぽい。

　毎日冷えとり靴下を履くたびに、神様に隠れてものすごい悪事を働いているような気持ちになる。冷えとり靴下を履くたびに、わたしは死人になる。

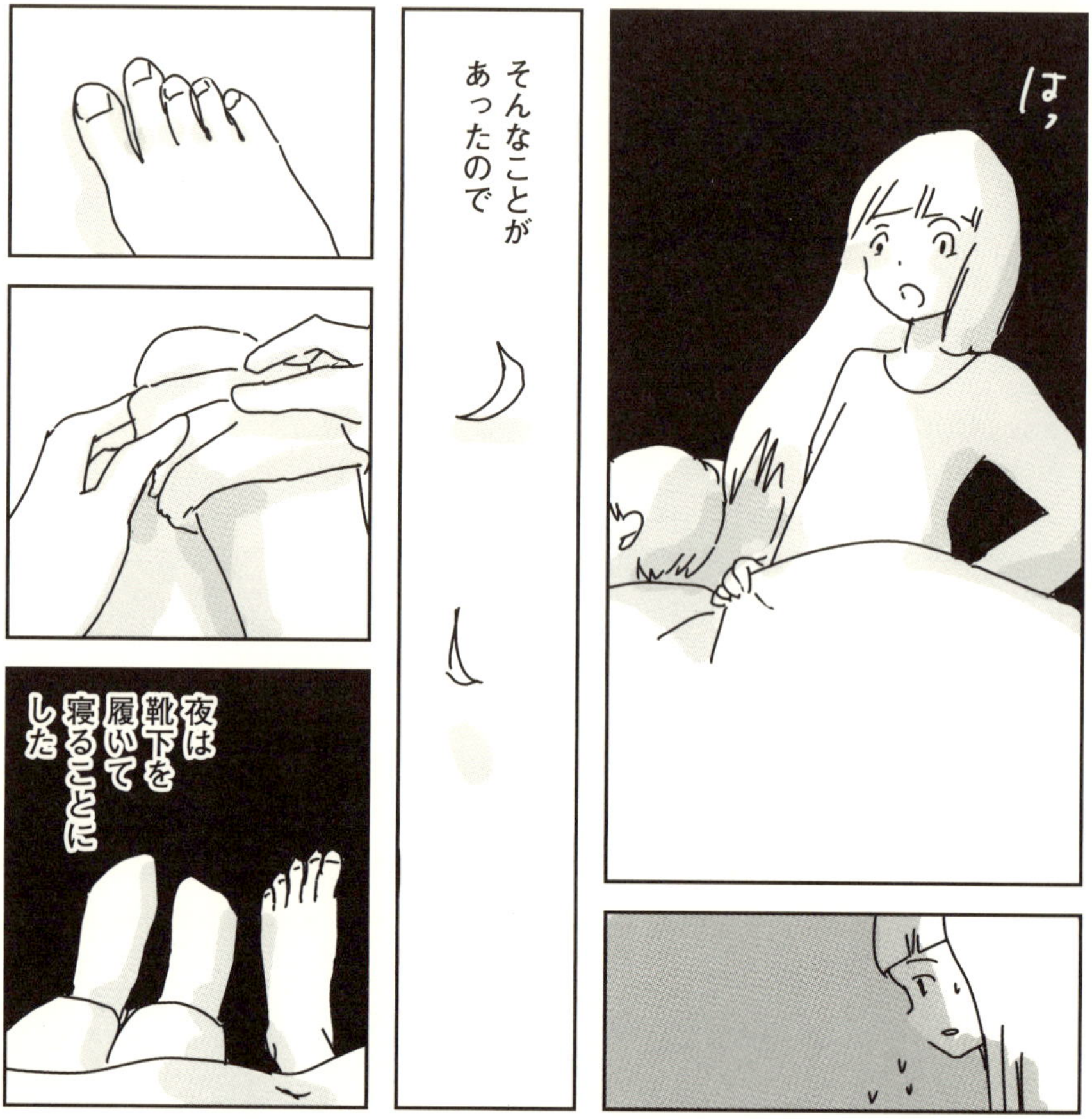
はっ
そんなことが
あったので
夜は
靴下を
履いて
寝ることに
した

朝になって、靴下を脱いで、わたしはあたらしく生まれなおすのだ。

掟破りを犯してしまったわたしは、いつかばちが当たるだろうか。真夜中に爪を切っていたひとも、親の死に目に会えない、なんてことになりませんように。わたしたちは祈るしかない、見えない神様に向かって。

P.S.　そういえば昔〝小学校六年生の卒業時まで覚えているとかならず死ぬ〟という単語があったな。確か〝紫の紙〟。六年の秋頃にこの言葉を知ってしまって、忘れよう忘れようと必死だったのを覚えている。紫の紙。覚えているじゃないか。紫の紙ってなんだ。もしかして、やっぱりわたしは死んでいるのかもしれない。

8

稽古

○月×日、今日も稽古。昨日も稽古した。明日も稽古する。

「明日の予定は？」と聞かれると迷うことなく「稽古」と答えられるほど、わたしは日々、ほとんど稽古しかしていない。もしくは本番。生きているわたしの日々はそのどちらかで構成されている。一日のスケジュールを円グラフにすると、わたしの円グラフはもはやグラフではなく「稽古」、もしくは「本番」という名前のホールケーキになる。ほかにすべきことがない。大雑把な味の外国のチーズタルトみたいで、まるで「寝る」だけの猫みたいだ。猫のほうが散歩したりもっといろいろの

ことをしているかも。朝七時からジムのプールに行ったり仕事が終わった後の少しの時間に習い事に通ったりデートをしたり、細かく分割された彩り溢れるフルーツシフォンケーキのような円グラフはあこがれ。一日一日がおいしそうでいいな。朝七時からプールなんて行くどころか起床すら一生できないまま、大味でまずいケーキのままわたしは死ぬのだろうな。せめてブルーベリーの一欠片くらいは添えたいところである。

　稽古とは、劇場に小屋入りするまでの一カ月〜二カ月の間（作品によってはもっと長いことも短いことも）ひとつ所に集まって延々と作品のことを考え続ける時間のことをいう。ひとによってはリハーサルと言ったり練習と呼んだり。たった一行のせりふを発語するのに何時間も費やしたり、一秒の間の身体の動かし方を何日もかけて試行錯誤したり……わたしが知る限り、稽古というものは大抵ずっと悶々として

いる（わたしのいる稽古場だけ？）。窓のない半地下の稽古場に軟禁されることが多く、でもたとえ窓がある空間だったとしても、稽古場はどうしてかいつも息苦しい。作品になるまえの作品未満のものが溜まってゆく場所だからか。産み落としては棄て、殺し、の作業を繰り返しているからか。観客に直接届くわけではない、見えない作業を、わたしたちは日々繰り返す。

観客役がいない稽古場の中で稽古をして、演じるということは、真実神様に向けて演劇を見せているような。祈りを捧げるような。静かな静かな時間だ。

作品は劇場で完成される。観客がいなければ成り立たないものであるけれど、ほんとうはものすごく地味なところでの地味な作業によって、どこかから見たらどうでもいいように見えるかもしれない小さなものごとによって、作品は立ち上がっている。稽古場は、作品とわたしがいつか還る場所、墓場

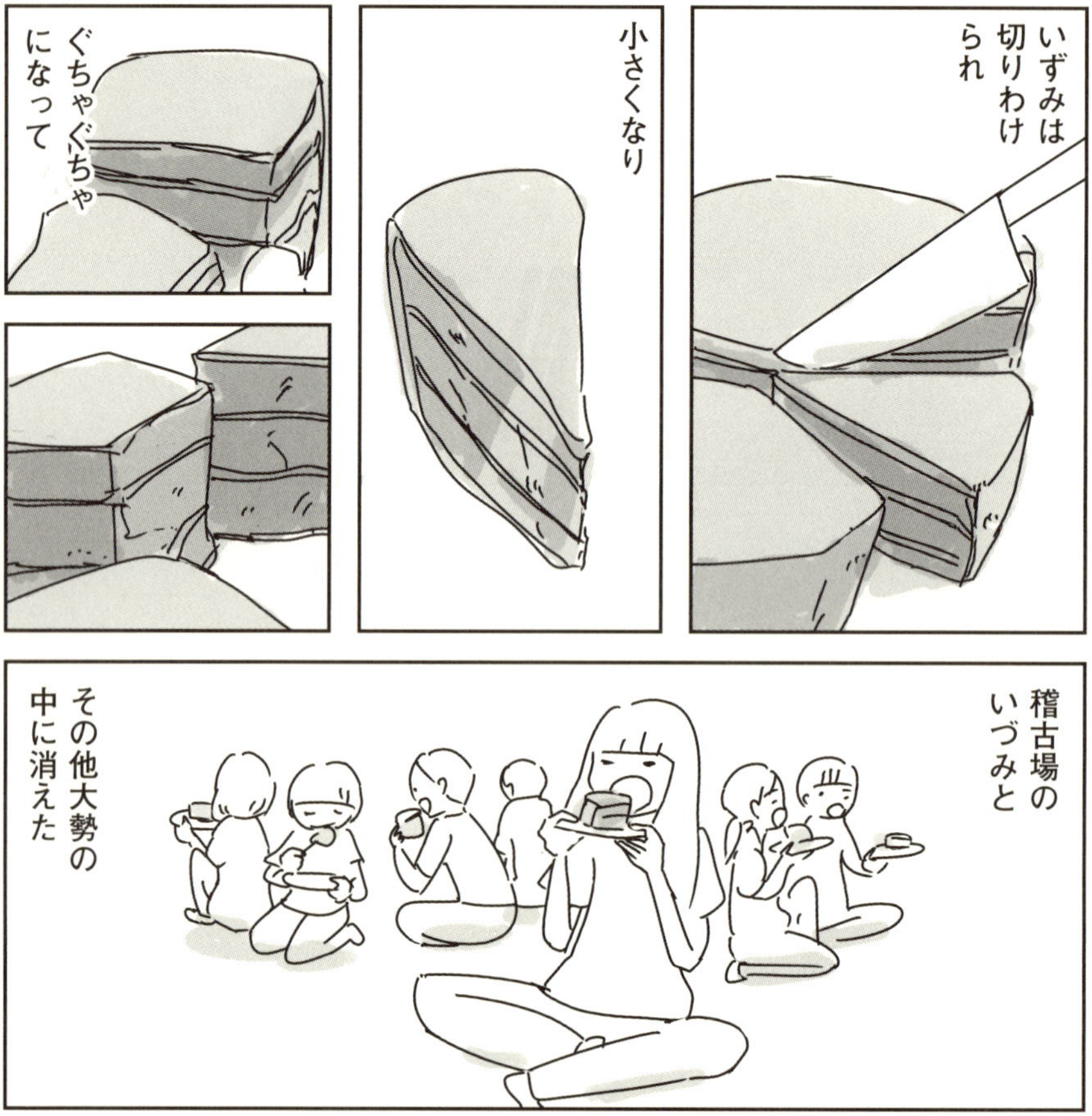

のようなものだと思う。そんなところでわたしたちは明日も明後日も、それからずっと先も、稽古をする。あなたに見られて完成するその日まで、この日々を繰り返してゆく。

P.S. 稽古場で稽古中に寝たり寝そべったりしたら怒られるというのはよく聞く話ですが、先日稽古場でじゃがりこを食べたら音がうるさいと怒られました。翌日音がしない魚肉ソーセージを食べたら今度はなんかにおうと怒られました。怒られてばかりいます。

9

本番

○月×日、本番が近づいてきている。本番が近づけば近づくほど、わたしは何にもできなくなる。

ごはんが食べられなくなる、お風呂に入れなくなる、本が読めなくなる、音楽が聴けなくなる、テレビが見られなくなる、メールの返信ができなくなる（それはいつもだ）etc.……ただのダメ人間である。小さな鞄もスタッフに持ってもらい、劇場から家に帰ることができず劇場の目の前のホテルをとってもらう。ただの偉いひとみたいである。ほんとうの偉いひとはそんなことしないか。

たまにごはんを食べたかと思えば真

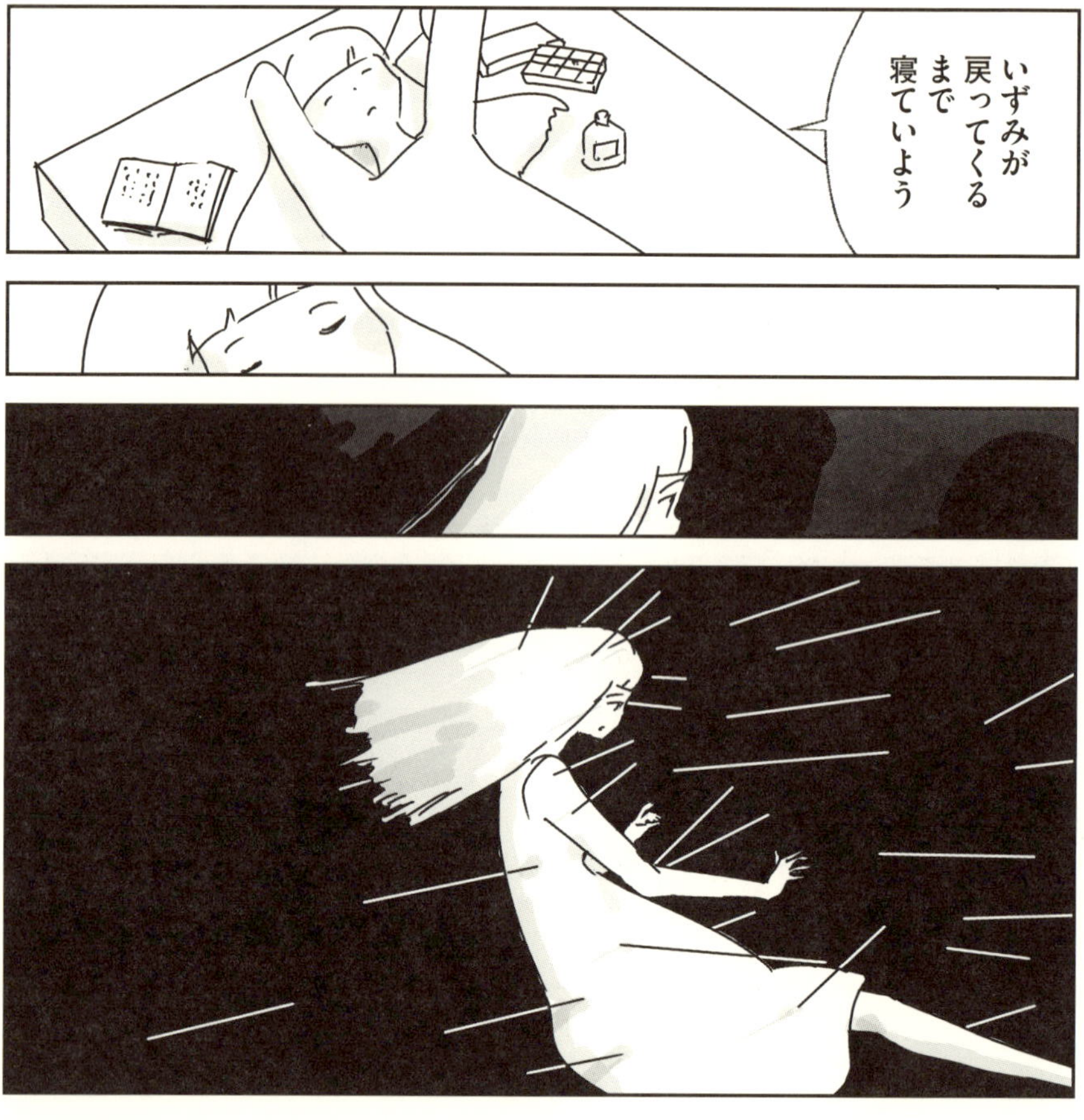

っ白の衣装を着たままミネストローネを飲んだりするので、衣装係に叱られる。口紅の跡をコップにつけっぱなしで放置するのも、制作に嫌われるからしてはいけないらしい。大人としては基本の決まりごとだと思うが本番中の何にもできないわたしにその当たり前が守れるはずがない。

本番のときは、正常な人間として備わっているはずの機能がぜんぶ、止まってしまったかのような。思考停止の状態に陥って、わたしはたくさんのひとにたくさんの迷惑をかけている。

片付けもできないので、楽屋がいつも汚い。楽屋ではみんなひとりにひとつの鏡台を充てがわれて、鏡の前にお気に入りの手ぬぐいを敷いて、化粧品や差し入れを陳列するように並べ置くのが〝女優さん〟の鏡まわりスタイルだが、わたしは一列に座るのが窮屈であちこち移動してしまって一箇所に留まることができないため、まず鏡が充てがわれない。大抵は楽屋の真ん中に

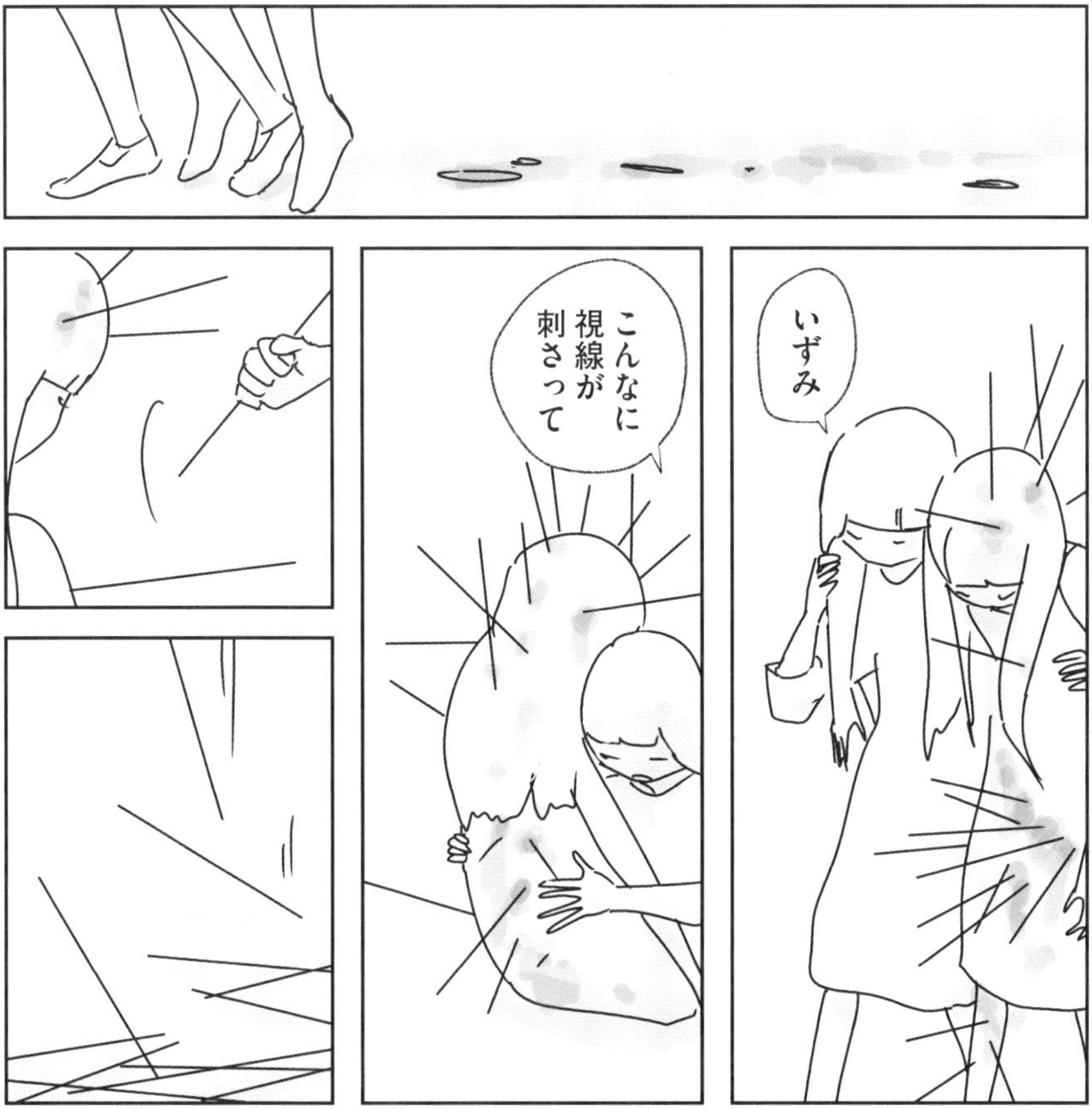

ある大きなテーブル（たぶんみんながごはんを食べる用）の上全てを占拠するかたちになる。今も楽屋のテーブルの上には大量のコップたちやケータリングのお菓子の包装紙たちや台本や資料などの紙たちでひとつの世界が出来上がっている。ここはわたしだけの世界。わたしひとりだけの。夜になってみんなが寝静まった後に動き出すおもちゃたちがいる絵本の世界を想像する。台本の山が雪の滑り台となり、てっぺんから滑り下りるペンやのど飴たちのはしゃぐ声が聞こえてくる。ペットボトルの水が日を追うごとに一本一本増えて線路のように連なり、この道を辿ってこのままわたしはひとりで、どこまでも行けそうだ。公演の最後の日には、わたしが散らかした足跡は綺麗に掃除され、そこからわたしがいなくなって、なかったことになって、ただのテーブルへと戻る。

　誰かわたしに養分を点滴して与えてくれないかな。お風呂にも入れてくれ

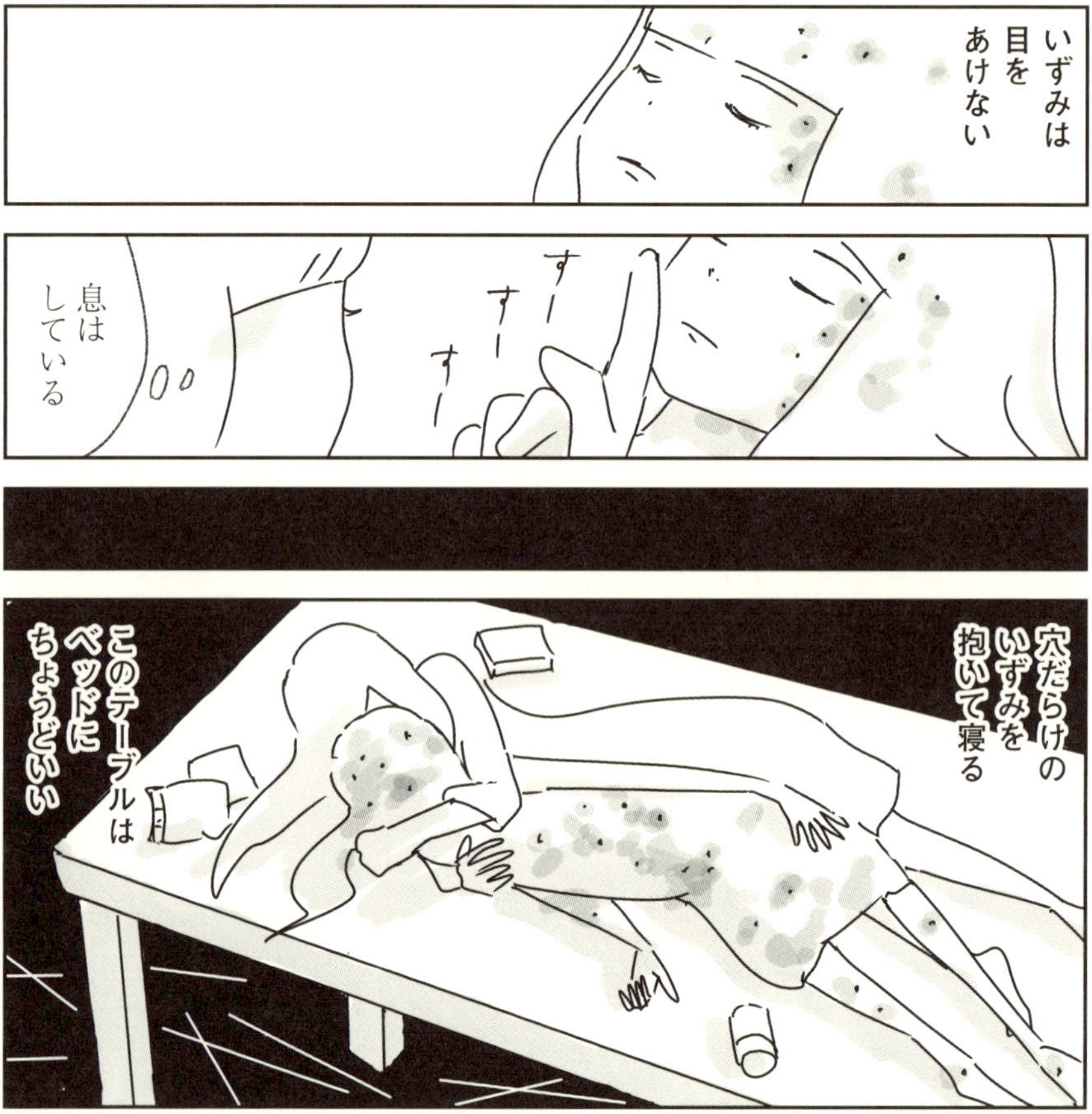

ないかな。寝る前に本を読み聞かせして子守唄を歌ってくれないかな。朝には時間通りに起こしてくれないかな。そしてまた点滴してくれないかな。わたしに衣装を着せて、舞台まで連れて行ってくれないかな。せりふをプロンプトしてくれないかな。ピアノの調律師みたく、誰かわたしをわたしに調律してくれないだろうか。

P.S. 公演がひとつ終わると次の日には洋服を買いに行きます。こないだはスカートを買うつもりだったのにコートまで買ってしまいました。ニットのスカートは回転するとたっぷり使った布が空気で膨れて円く広がり、どこまでも飛んで行けそうな気がします。

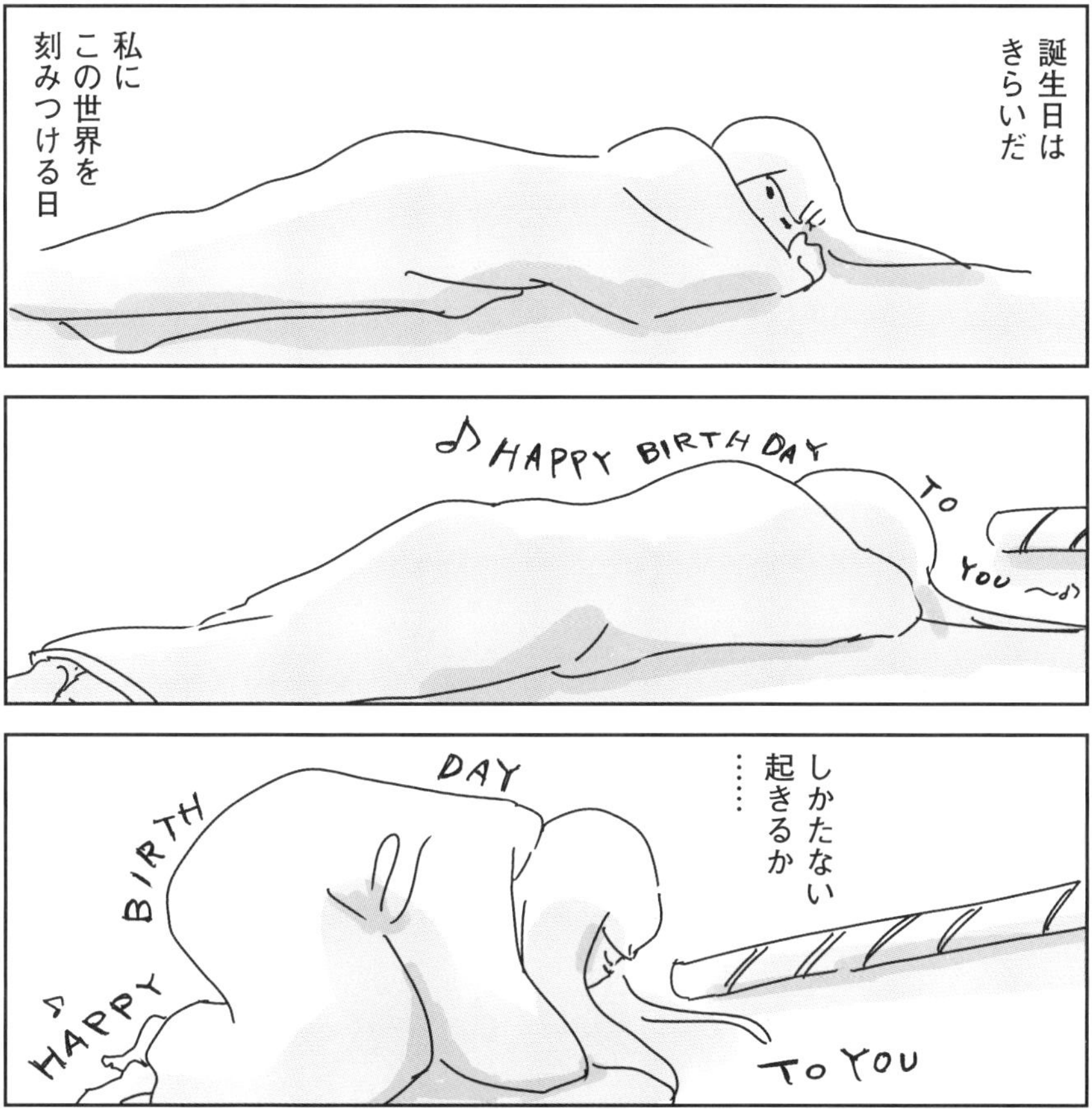

10

誕生日

○月×日、春。わたしは春の水曜日に生まれた。春は悪。

わたしは誕生日があまり好きじゃない。誕生日のまえの日はもっと好きじゃない。誕生日の存在をひとに知られるのがこわい。わたしが存在していることを、他人にも、自分にも、知らしめてしまうのがおそろしい。わたしはわたしの存在を、ひとに知られたくない。

誕生日がこわいのは、思えば「ほんとうに欲しい誕生日プレゼント」をもらったことがないのも関係しているのかもしれない。高校生のとき仲の良かった数人からもらったミッキーマウス

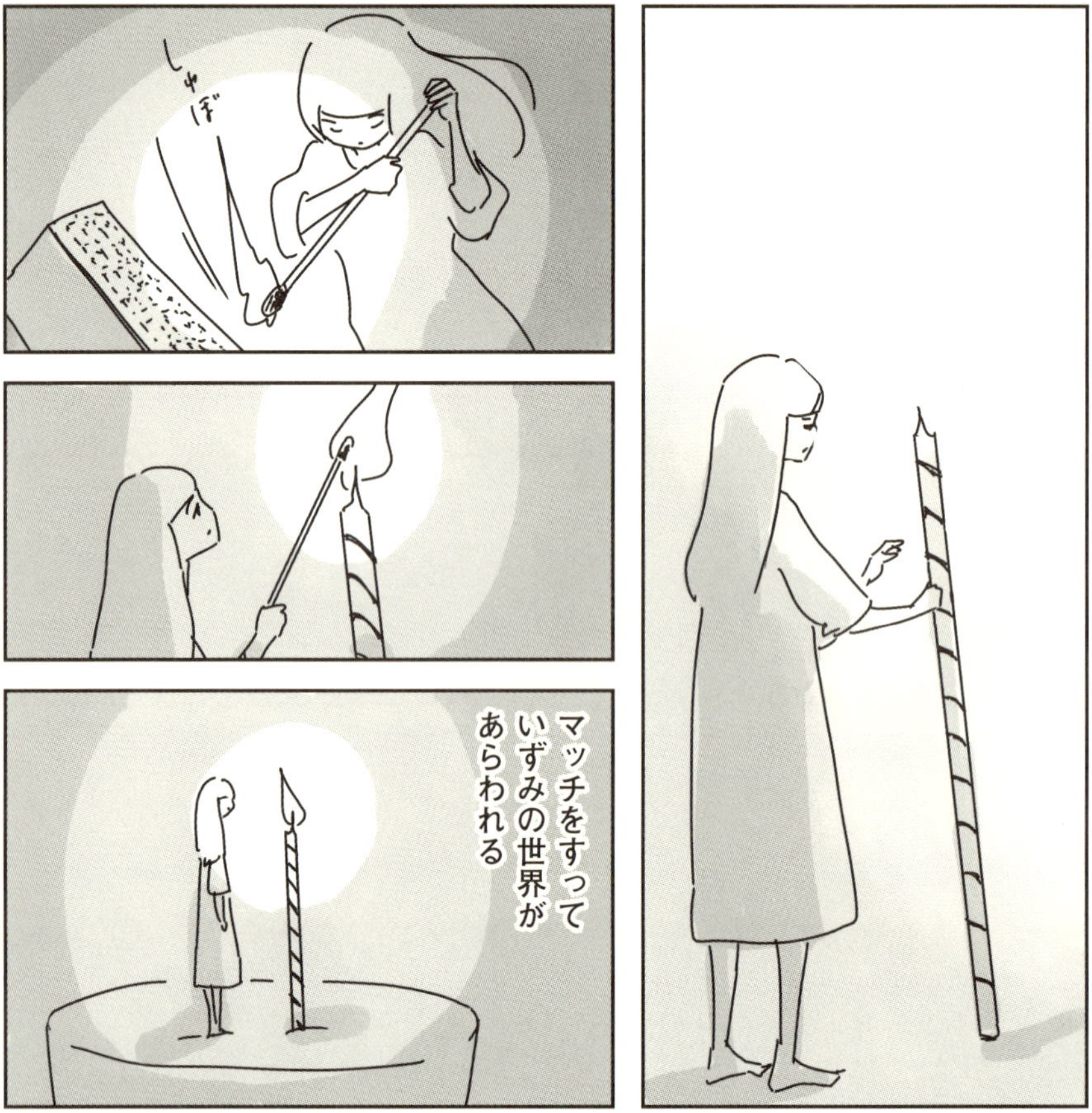
しゅぼ
マッチをすって
いずみの世界が
あらわれる

の総柄キャスケットはいまだにトラウマだ。わたし、ミッキーマウス、好きじゃないのに。キャスケットだって被るようなキャラじゃないのに。みんなそれをわかっていると思っていたのに。サンタクロースからもらったプレゼントはたくさん覚えているけれど（なぜなら全部自分が欲しいと思ってお願いしたものだから。シルバニアファミリー一式、一輪車、真っ青な夜色の傘の星形ランプシェード、マルチカラーのニット←これは欲しいとお願いした記憶はない）、誕生日にもらったプレゼントはミッキーマウスの総柄キャスケットの衝撃も手伝ってかほとんど覚えていない。ほんとうに欲しいもの、それが何なのかはわからないけれど、誰かに誕生日を知られたら、また総柄ミッキーがやってきてしまうかもしれない、そんな恐怖心が無意識下で働いているのだと思う。だからディズニーもこわい。ミッキーじゃなくても総柄もこわい。

誕生日には、何にもいらない。何にもいらないから、わたしのことを忘れてほしい。ほんとうは、全部忘れてしまいたい。記憶していることはほとんどなく、目の前のせりふしか覚えていなくて、それだって今という時間を過ぎれば薄い膜がかかったように手の届かないところへ行ってしまって、やがて見えなくなる。そうして忘れる。現在の自分の一瞬一瞬を凝視しているだけで、過去も未来も覚束ない。

それなのに誕生日のときにだけ、突如として「わたし」があらわれる。春が「わたし」を引き連れてやってくるのだ。生きてきた年数分だけの数のわたしがいて、そこにあたらしい「わたし」が加わり、世代交代する。そのときにかつてのわたしたちがモグラ叩きのように顔を出し、忘れていたことを思い出してしまうような気がするのだ。今生きていること、そしていつか何もかもなくなる日がくるそのことが、とてもこわい。春がきて、誕生日がくる

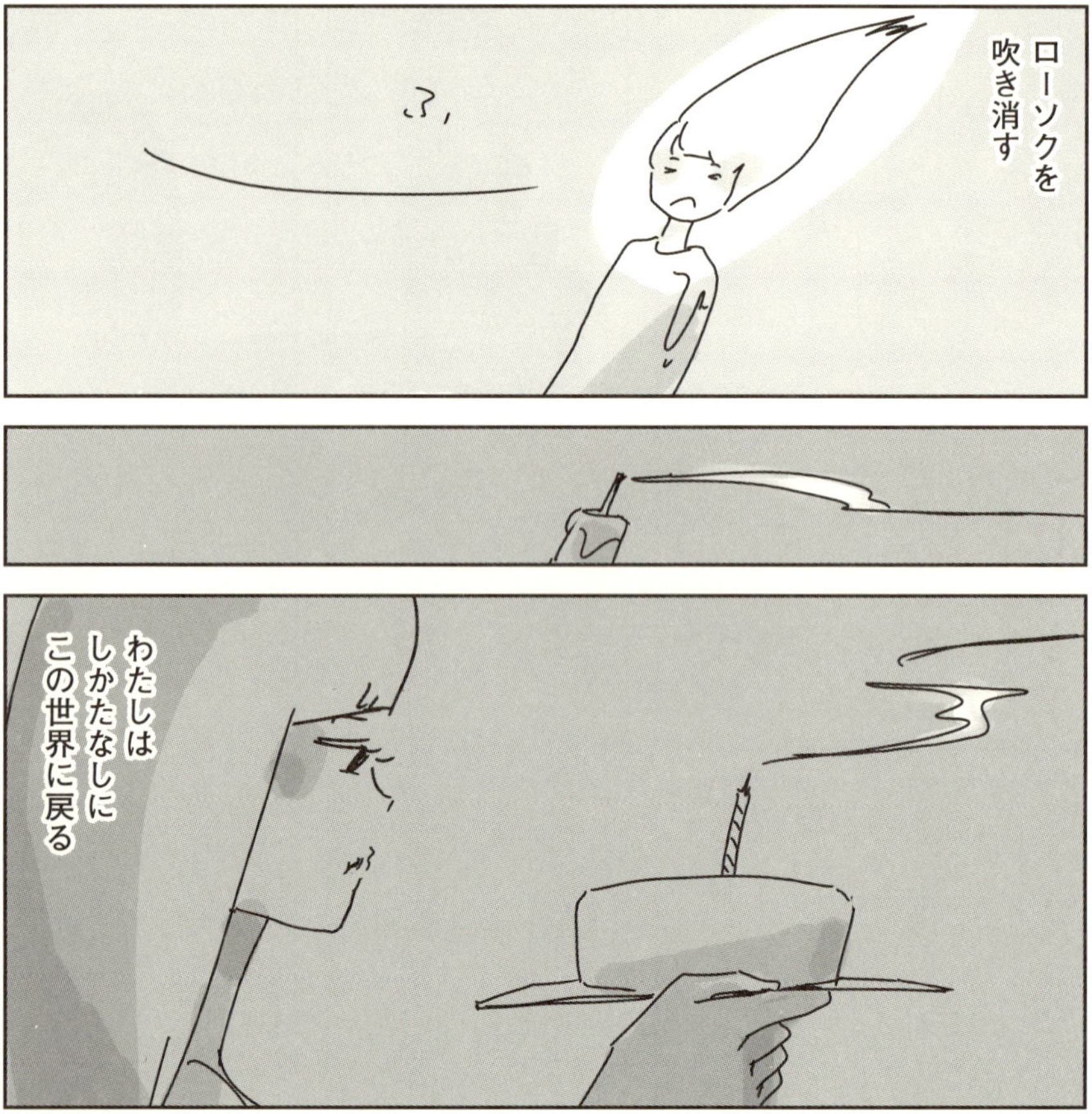

たびに、その日はどんどん近付いてくる。

こんなふうに「存在している」こと自体をこわいと思うわたしもいつか、あたらしい誰かの誕生日を、誰かとつくることがあるのだろうか。そのあたらしい誰かとは、いったい誰なのだろうか。

P.S. 長年わたしはじぶんの誕生日を「大久保利通が暗殺された日と同じ日」だと認識していましたが、「ケイト・ブランシェットの誕生日とも同じ日」だということを誕生日占いで知りました。これからはそうやって公言していこうと思います。ほんとうは大好きな、誕生日。

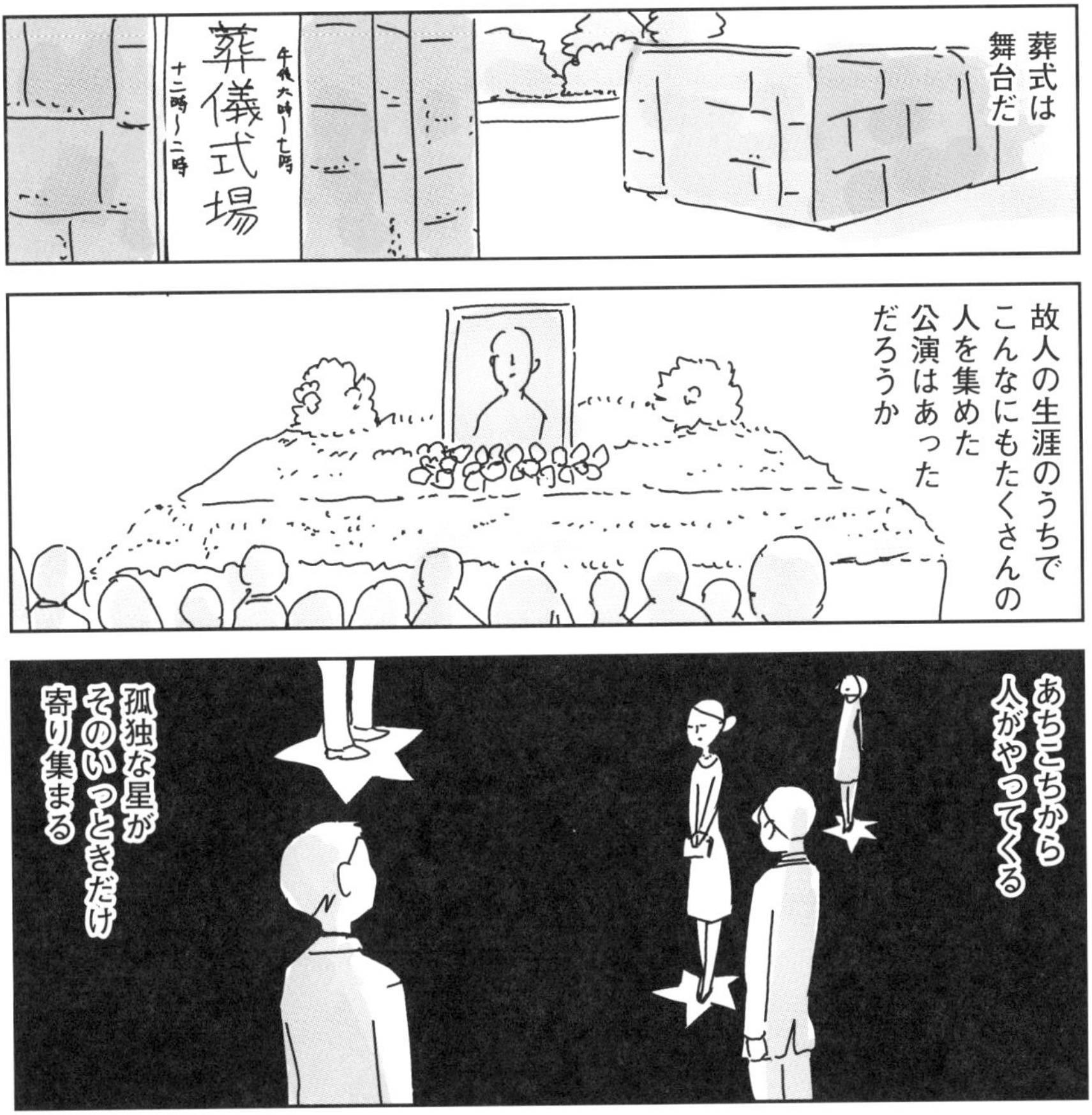

11

生

○月×日、ブリュッセルに到着。海外での舞台出演が少なかった昨今、パスポートを見れば二年ぶりのヨーロッパであった。ブリュッセルは、ぴったり三年ぶり。

三年ぶりのブリュッセル空港は人気《ひとけ》もなくひっそりとしていて、空港じゃないみたいだった。でも、街に着いたら三年前と変わらない、あの頃のブリュッセルがあった。銃を持った迷彩服の屈強そうな男の人たちを時折見かける以外は何も変わるところのない、見慣れた広場、教会、北海（と勝手に名付けた海鮮立ち飲み屋）、マルジェラ（今年こそタビブーツを買うと決めた）、

まるで
雨やどりの
ような

劇場、そこに集まる人々。元証券取引所の古い建物の前に手向けてある花といろんな国の国旗。たぶん今年のフェスティバルのスローガンなのだろう、街中いたるところに掲げてある「THE TIME WE SHARE」の文字。わたしたちの合い言葉。

ブリュッセルに来る前、わたしは劇場の舞台に立つのがこわかった。パリの劇場でテロが起きてから、ブリュッセルの空港と地下鉄でテロが起きてから、テロがわたしやわたしの周りにも起こりうることであるということが、はっきりわかったから。それはブリュッセルの劇場でも新宿の街角でもおなじことで、わたしはわたしがどこかの劇場で、街角ではなく劇場で、テロに遭って死ぬかもしれないことが、現実にあることとしてはっきりと想像できてしまった。

わたしはまだ、テロには遭っていない。それでも今、わたし以外の誰かがまたテロに遭い、怪我をしたり亡くな

ったりしている。
　ブリュッセルでの公演最終日の朝、日本でひとりの演出家が亡くなった。五十歳年上の八十歳だった。その日の夜の公演中、不思議な雨音がした。実際に外で雨が降っただけなのだろうけれど、客席には聞こえない、舞台上でしか聞こえない雨が、ザーザー降っていた。わたしはこの先五十年、彼のように舞台に立ち続けることができるだろうか。雨音を聞いたその一瞬、自分がいつの時代のどこにいるのかわからなくなり、舞台に立っていることもわからなくなり、でも今この瞬間を確かに生きていることだけを実感し、立ち竦んでしまった。おしっこを漏らしたかと思ったくらいだった。わたしはおおきな場所にひとり、立っている。彼と同じ場所に立っているのだ。舞台の上でしか聞こえない音を、彼もわたしも聞いている。客席からしか聞こえない音、見えないものもあるだろう。わたしに見えないものを誰かが見ていて、

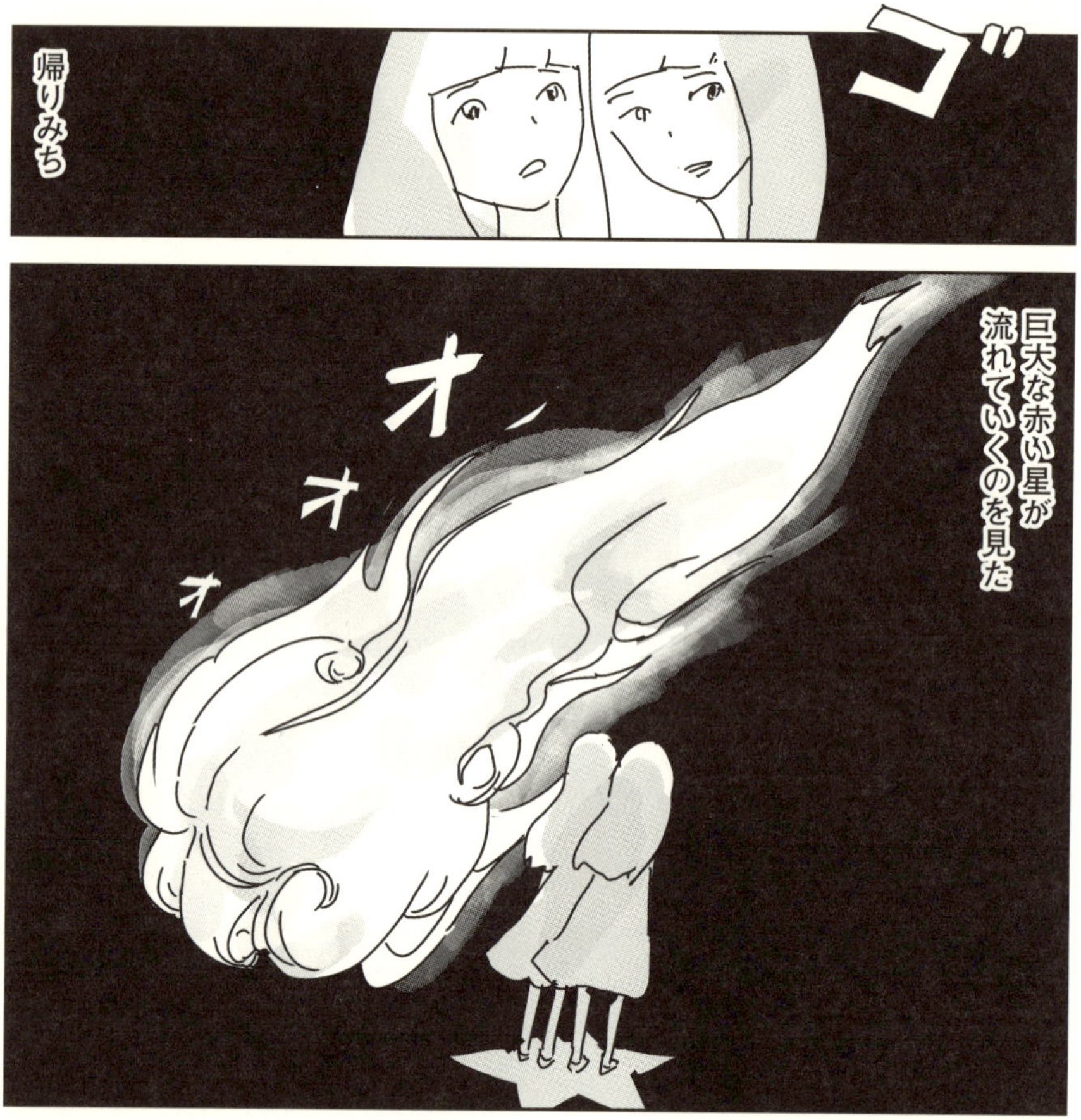

誰かに聞こえない音をわたしは聞いている。舞台に立つわたしと、客席にいる観客。テロを体験していないわたしと、テロを体験したひと。生きているわたしと、死んだ彼。この世界と、ここではない世界。永遠みたいな一瞬だった。

今、今、今。亡くなった彼の言葉だけれど、わたしにも今しかない。何が起きても、わたしは今、この劇場に立つしかない。

P.S. ヨーロッパでも仕事をするようになってから十年、いい加減フランス語を習得しようと思い（なぜ英語じゃないのか?・）、毎日NHKフランス語講座を垂れ流しに聴いていたら、たまに出会う現地在住の日本人の方とうまく会話が出来なくなっていた。フランス語を習得する前に、日本語を忘れてしまいました。

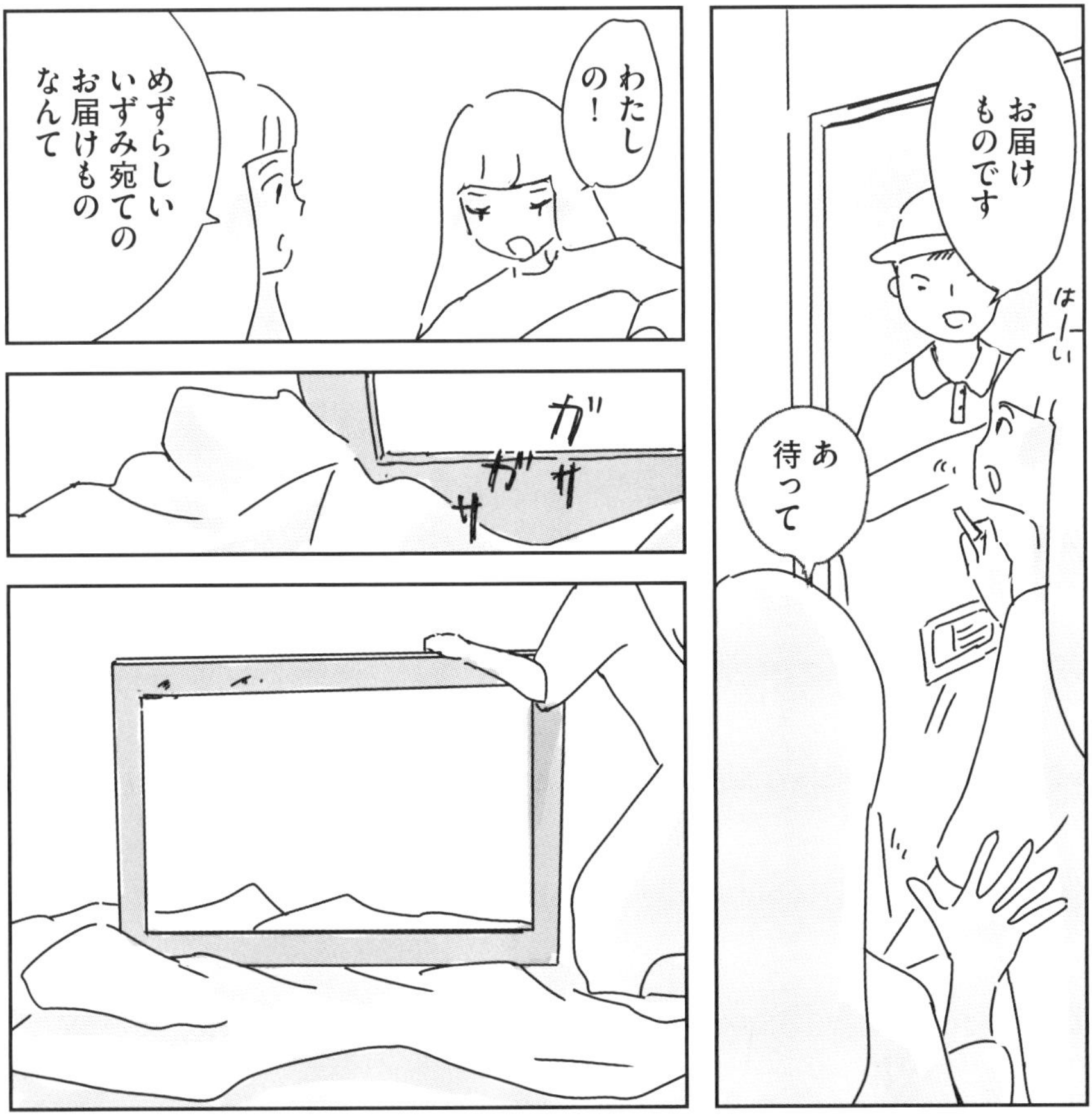

12 窓

○月×日、ドイツからオランダに移動する。移動する列車の車窓から小さな家々の集落が見えた。身長一五九センチメートルのわたしでも窮屈なぐらいの、小さな小さなお家。オブジェかと思ったけれど洗濯物が干してあったし家の隣の小さな畑を耕しているひとも見た。夢かとも思ったけれどドイツから移動するこの列車に乗るたびに、マンハイムやデュッセルドルフあたりでいつもこの集落を見かけるので、こんなところに小人は暮らしていたのだなと思う。

運河沿いや道路に面して建つアパートメントには同じ大きさの四角や半円

型の窓が一面に並んでいて、見上げると開いた窓から頭にスカーフを巻いたおばあさんが顔を出して下を覗き込んで花壇に水をやっていたり、くたびれた顔のお姉さんが煙草をふかしながら頬杖をついて遠くを眺めていたりする。どんなに古い建物でもそこに備えられた窓のひとつひとつその中にひとが住んでいる。彼らそれぞれの、わたしの家。そしてその窓の向こうに見える、ひとつひとつのわたしの景色。

　あの窓を見るたびに思う。わたしもあの窓の中のひとつになりたい。だれかの家の、窓になりたい。家を持つこと、住むことにあこがれを抱いているのではない。わたしは窓になりたいのだ。春には色とりどりの花で彩られ、外から中から差す光を全身に受け止め反射し、冬には星や丸の大小様々な電飾で光り輝く、あの窓のどれかひとつになれたなら。わたしのあこがれ。窓。カーテンの向こう側。

　わたしはいま、こんな空想をしてい

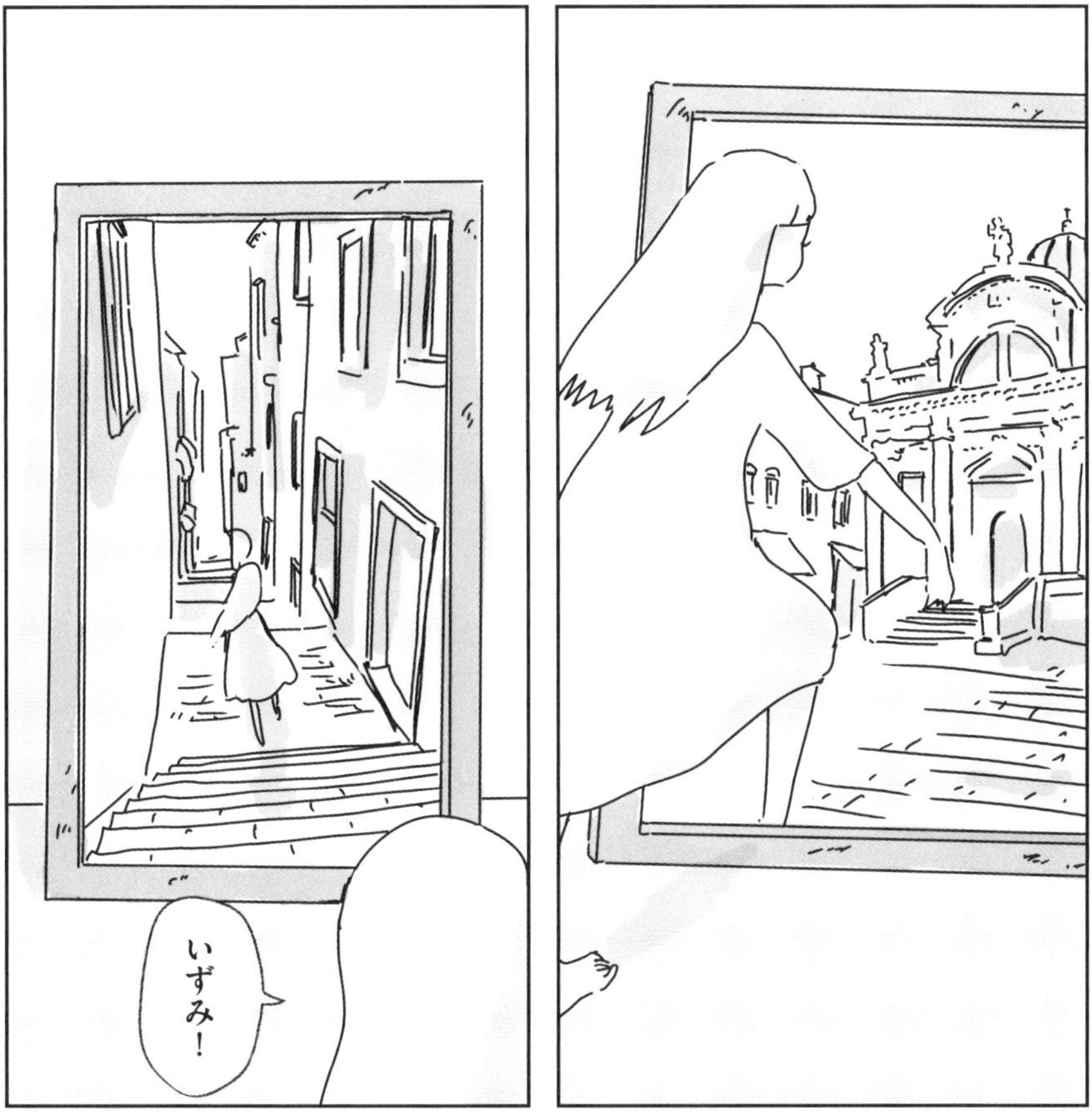

る。

アムステルダムにある、ある小さなお家。隠れ家。家の中にある窓という窓は塞がれ、窓として機能している窓はたったひとつ、屋根裏の窓から見えるのは車、舟、雨。市電がごとごとと通ってゆく音も聞こえる。部屋の壁に貼った絵はがきや映画スターのコレクション。こうすることでわたしの居場所が完成される。わたしがわたしとして生きていていいことの、証明。

わたしはいま、あらゆるものにあこがれている。太陽が輝き、空は紺碧に澄みわたり、心地よいそよ風が吹いている。その下でサイクリングをする、ダンスをする、口笛を吹く、世界を見る、青春を味わう、自由を満喫する、こういったことにわたしはあこがれている。わたしはこれから、わたしとして生きたい、そうすることを許してもらえるならば、わたしはおかあさんよりもりっぱな生き方をしてみせる。わたしはつまらない人間のまま一生を終

わりにはしない。きっと世の中のため、人類のためにわたしは働いてみせる。
屋根裏の窓から見える空を飛ぶ鳥の群れは、日差しを受けて銀色に輝いている。夜になれば真っ暗の空に星が銀色に輝くのも、わたしは知っている。
わたしも知っている。わたしはあの家の屋根裏の窓となって、彼女に外の世界を、外の世界に彼女を映し出す。彼女が見ていたものを今、わたしがあなたに見せている。彼女とわたしが死んだ後も、わたしは映し出す像となって生き続ける。
目に見える境界線。人生——それは向こう側で起きている。

P.S.　わたしは今も、想像の都市にある最果ての窓、千の窓を見つめています。わたしの今いるこの場所は、どちら側でしょうか。

izumi in dream Ⅱ

八百吉商店
480
350
350
380
980

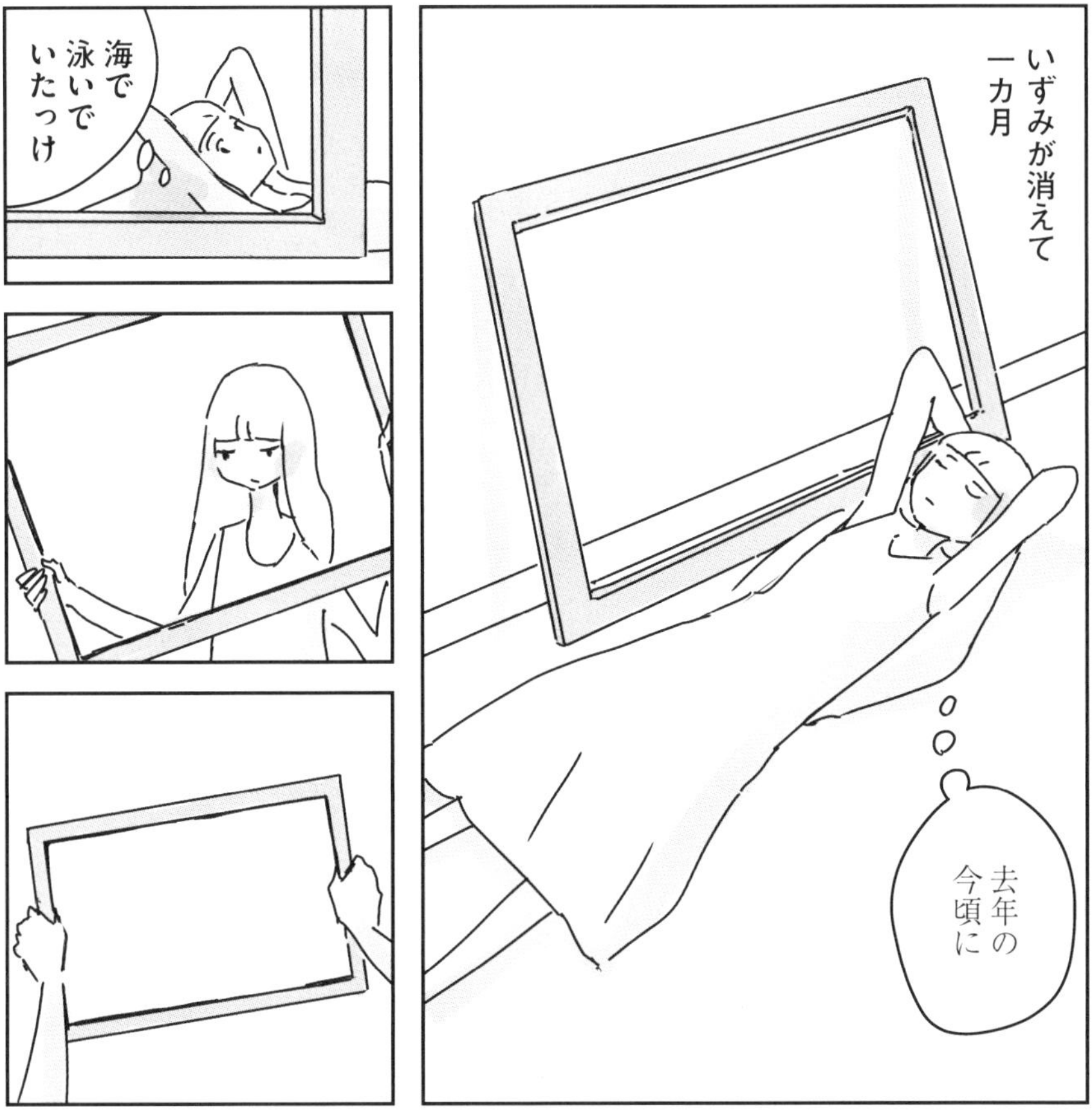

13

海

○月×日、今日の最高気温は三十四度。気づけばもう夏という季節になっていた。繰り返し夏という時間を過ごし行ったり来たり生きてきたはずなのに、こうやってまた夏が来るといつもびっくりする。知っているはずなのに、いつだって唐突にやってくるものだから、いつか知らぬ間に太陽に灼かれて死んでしまいそう。そして去り際もいつだって突然で、あ、と思ったときにはもう夏はいなくなっている。ずっとその繰り返しで、わたしはいつも置いてきぼりで、セーラー服みたいな真っ白のワンピースも、コンバースのスニーカーも、ビーチサンダルも、麦わら

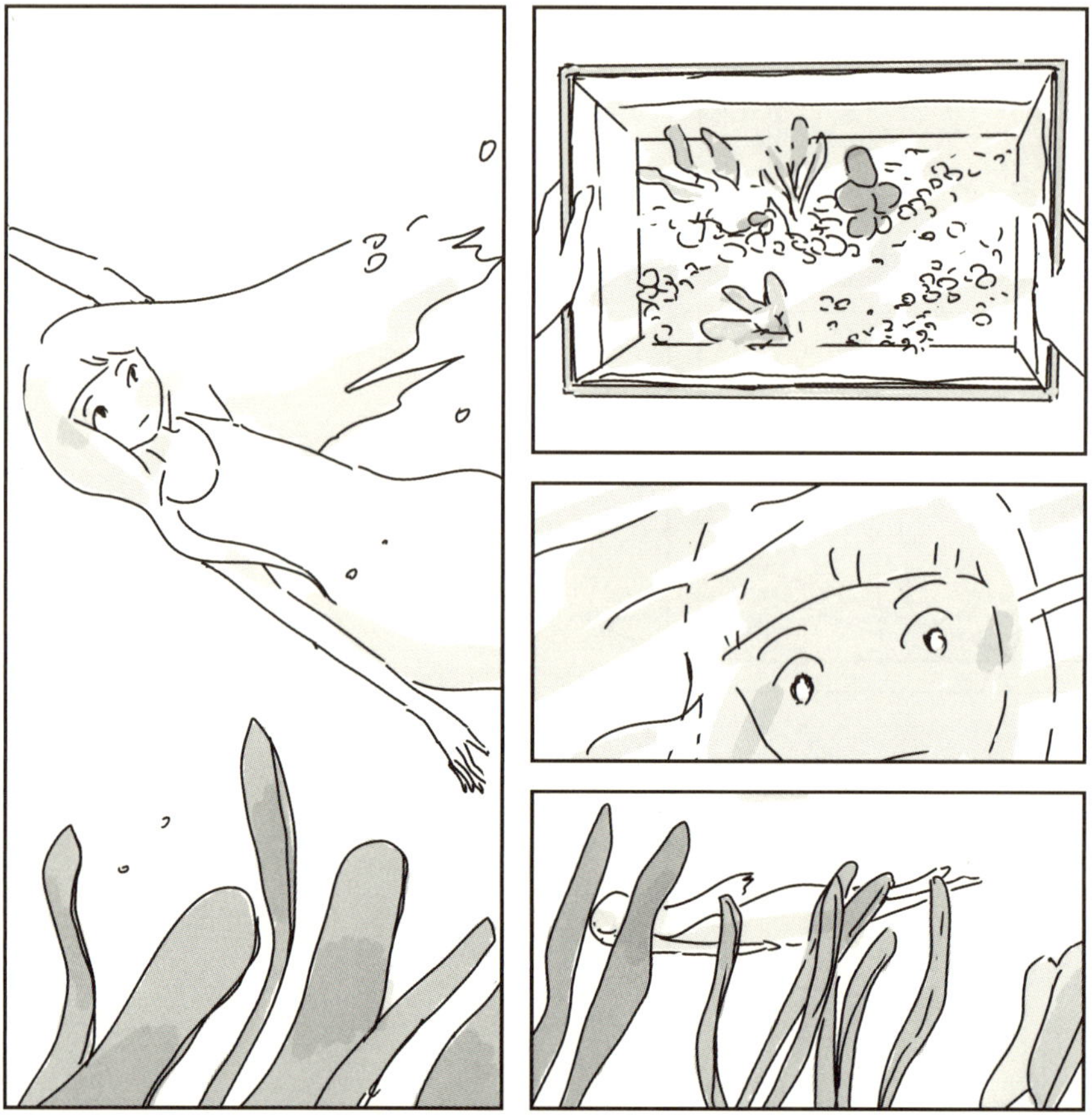

帽子に白いTシャツも、みんな置いてきぼり。

置いてきぼりにされるのはこわいので、暑さを追いかけるように、または暑さから逃げるように、自転車を漕いで、真夏の日差しが反射するエメラルド色した海へTシャツのまま飛び込む。白いTシャツが肌にはりついて、重たかった。空の色も重たくて、上から押し潰されて濃い海の色の底へと沈んでしまいそうだった。海色《まりん》という名前の島の子もわたしと同じ、白いTシャツにデニムの短パンを穿いて麦わら帽子を被っていたけれど、その日は母親の言いつけを守って決して海には入らなかった。ほんとうは泳ぐのが得意な海色。陸の一番高いところにある岩から、ただ、海に潜るわたしを見つめていた。わたしも海から、陸にいる彼女を見つめていた。打ち寄せる波の音の間から、珊瑚の歌う声が聞こえる。濡れたからだのまま砂浜できれいな貝殻を探して集めて、ゴーグルケースに詰め込んだ。

まるで貝殻みたいな黒ぶちの豆も拾った。貝と豆の見分けがつかなかった。海のものも陸のものも、どちらも同じものだ。海から家へと戻る道で、夕焼け空に大きな虹がかかっているのが見えた。海色が手を伸ばして指を差す。空間がある状態になったときにある場所に人間が立つと、ほんとうには実在しないものが見える。それは演劇ととても似ている。夕ご飯のあとに庭で花火をしながら、キジムナーはオレンジ色の光を放つのだと教えてくれた。夜になると、ガジュマルの木のまわりが淡くぼんやりと光っている。その光を一度だけ見たことがあるのだと海色は言った。月も星もない夜の海には鹿の群れが集まってくる。鹿たちは赤ん坊のような声で鳴く。真っ暗の海から、光の柱がのぼるのを見た。島から船で帰る日、見送りに船着き場に現れた海色は、それまで頑なに海に入らなかったのに、船が出航した瞬間、Tシャツのままいきなりどぼんと海に飛び込ん

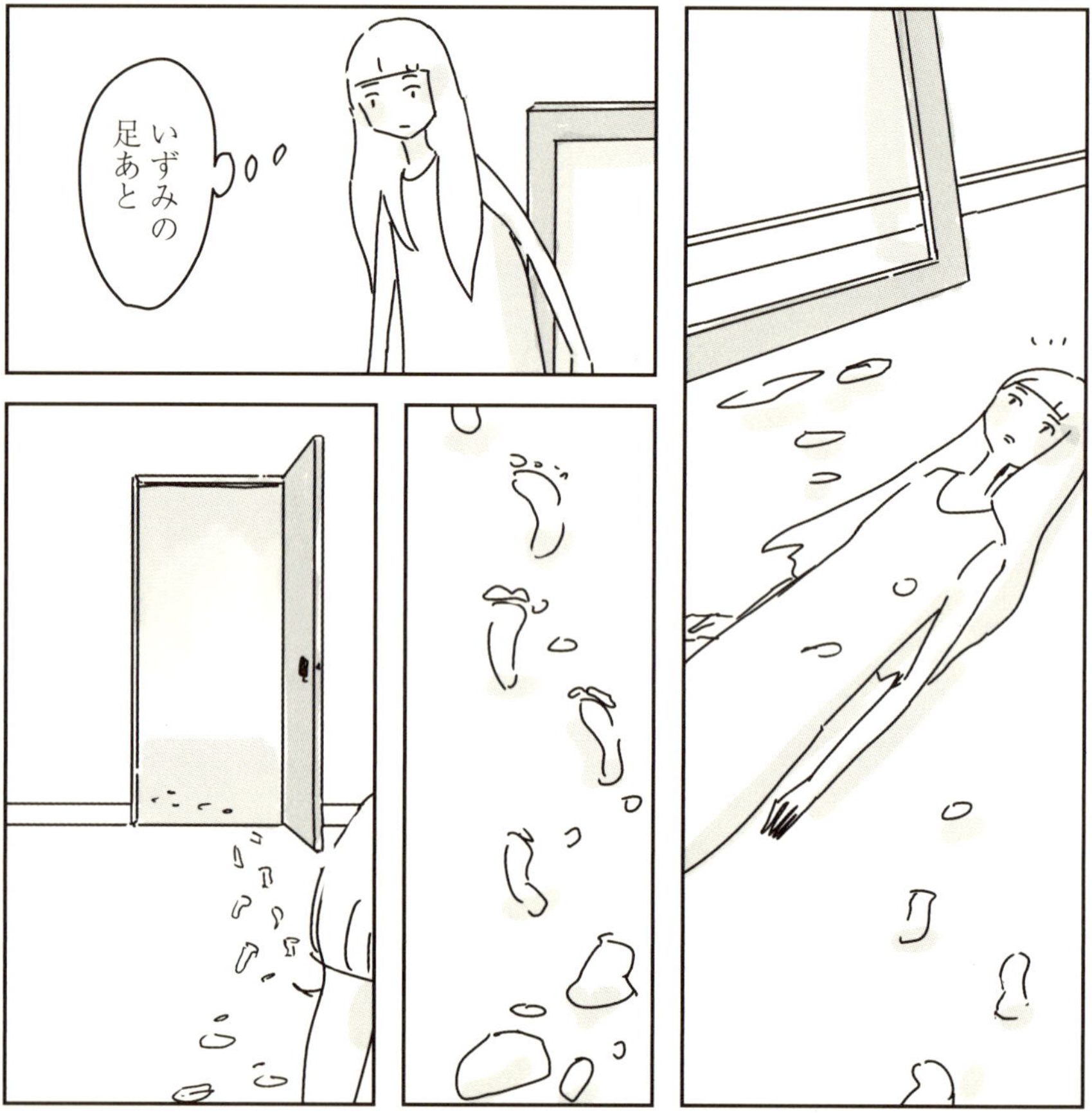

で、見えなくなった。白いTシャツも短パンも、海色はからだごと海に溶けて、消えていった。帰り道の船上で、まだ海色がゆらゆらと水中を漂っているかもしれないと海面をじっと見つめてみたけれど、溶けた海色の姿はわたしにはもう見えない。境目なんてはじめからなかったみたいに、見えなくなってゆく。

P.S. あんまり好きじゃなかったアイスクリームですが、毎日食べていたら好きになりました。あのとき食べたシャーベットのアイスクリームも、もう溶けてしまったかな。

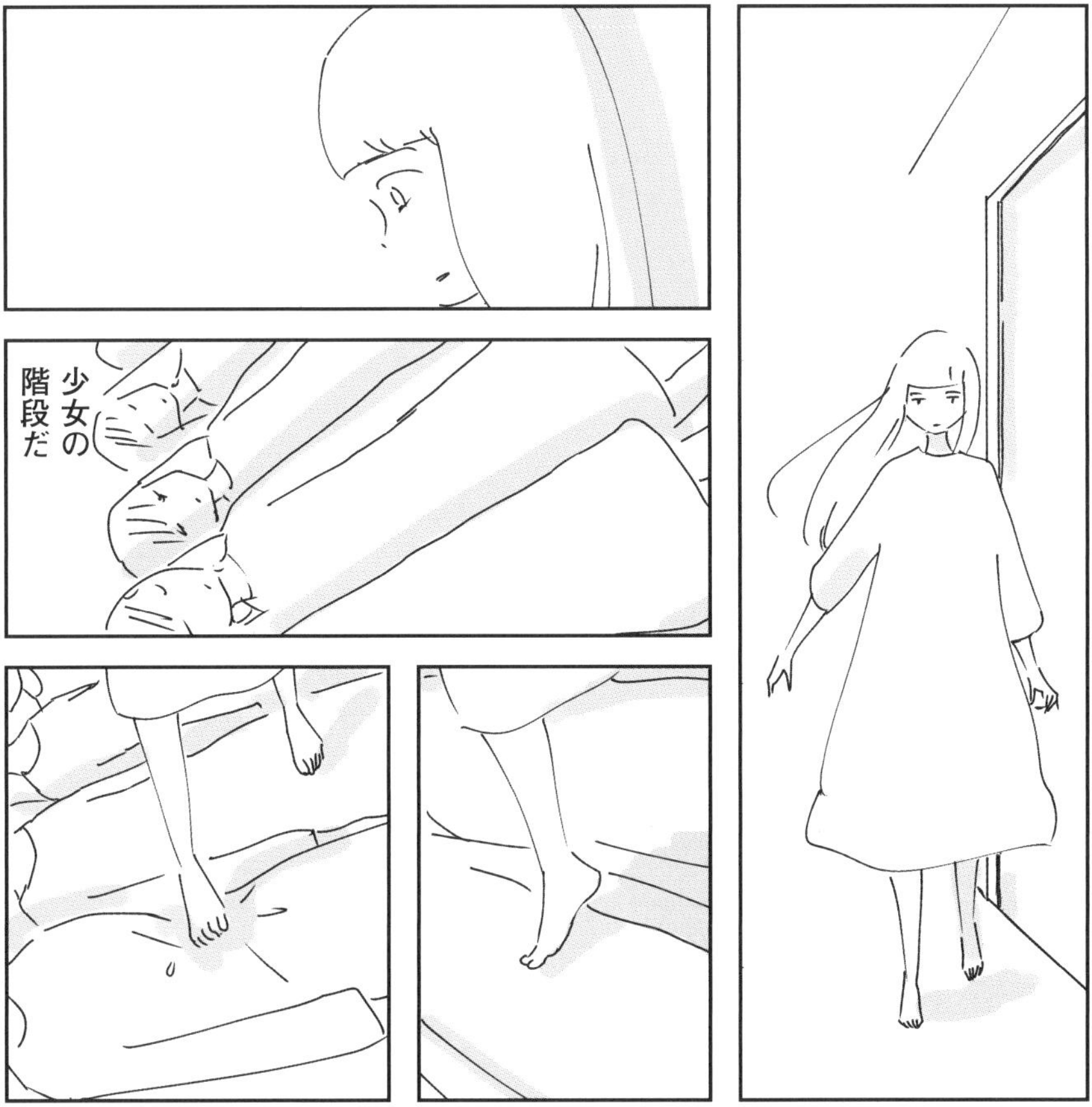

14

夢

○月×日、怖い夢を見た。公演のため京都に滞在していた先のアパートで、何日も何日も、小説で読んだ男のひとが夢に出てきて、しかもそれがこの世界の嫌なもの、悪いもの全部をまるごとぐつぐつ煮詰めて固めた権化のような存在で、その顔立ちははじめて見るような、それともずっとまえからよく知っているひとのような気もする、時には人造人間のような姿でそれは現れ、わたしはそれに打ち負かされ、何度立ち上がっても打ち負かされ、目覚めた後もわけのわからない悲しみと怒りがこみ上げてきて、この悪夢はいったい……とよくよくベッドの上で考えてみ

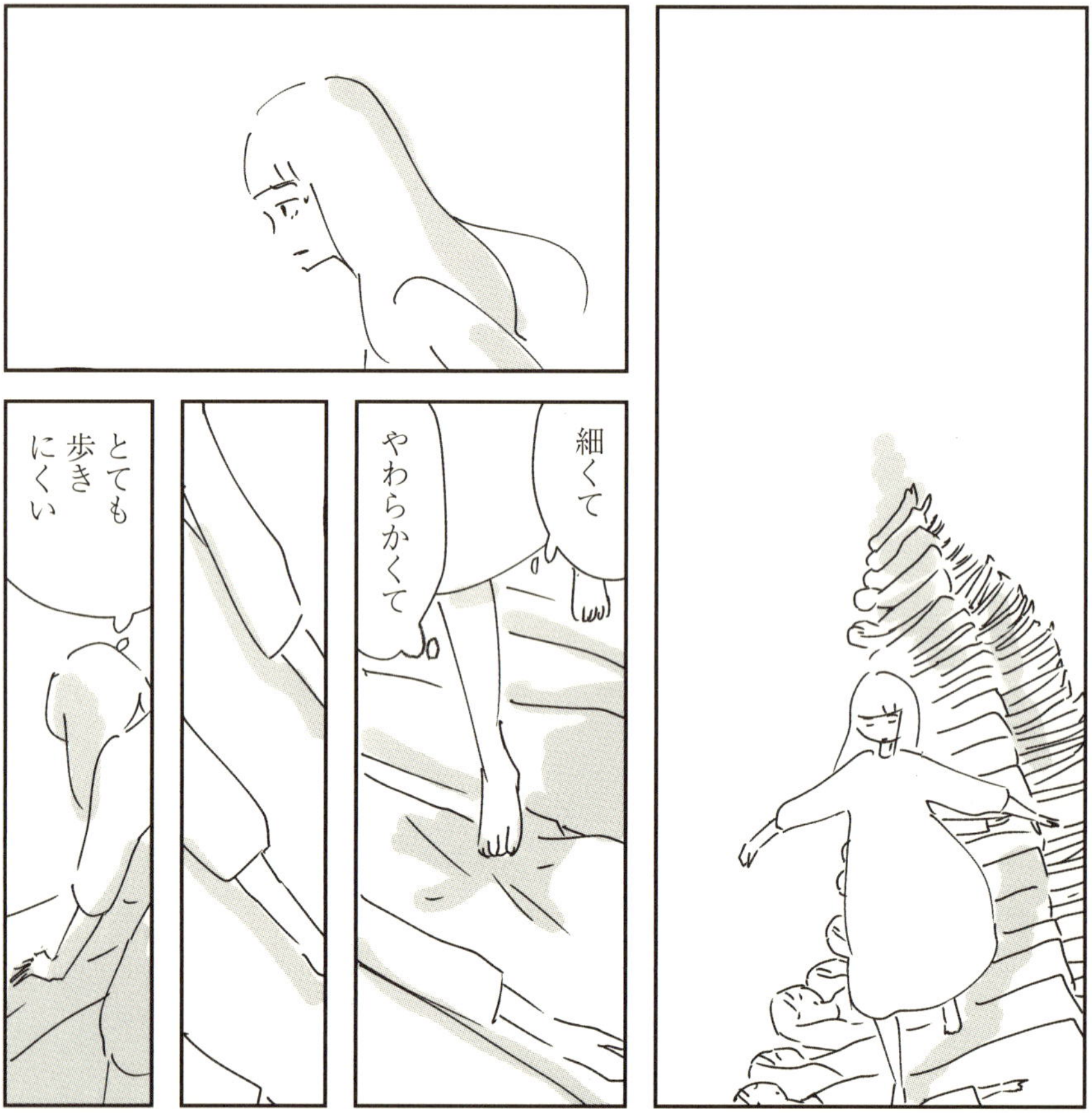
細くて
やわらかくて
とても歩きにくい

ればそのベッドは北枕なのであった。祖母から受け継いだ迷信、お呪《まじな》いめいたものから逃れられないでいるわたしは必死でベッドの移動を試みた。祖母いわく、北枕はもちろん、閻魔様に足を向けて寝るのだってしてはいけないこと。京都の閻魔様はどっちの方角にいるのか知らないけれど、とてつもなく重たいベッドをたったひとりで北から東に向きを変えることに成功した。ベッド以外の物の配置は変えていないからなんだか歪《いびつ》な部屋になってしまった。しかしこれでもう悪い夢を見ることはないだろう。

　北枕撤廃後は小説の男のひとは出てこなくなったけれど、良い夢も見ない。身体が重たいし肩にものすごく力が入ってしまう。顔つきも強張る。まるで自分の顔じゃないみたいに。こないだは高熱が何日も続き扁桃炎に罹った。小説の男のひとがいなくても、目覚めた後の苦しみは変わらない。熱にうなされながら、今度は変わった夢を見た。

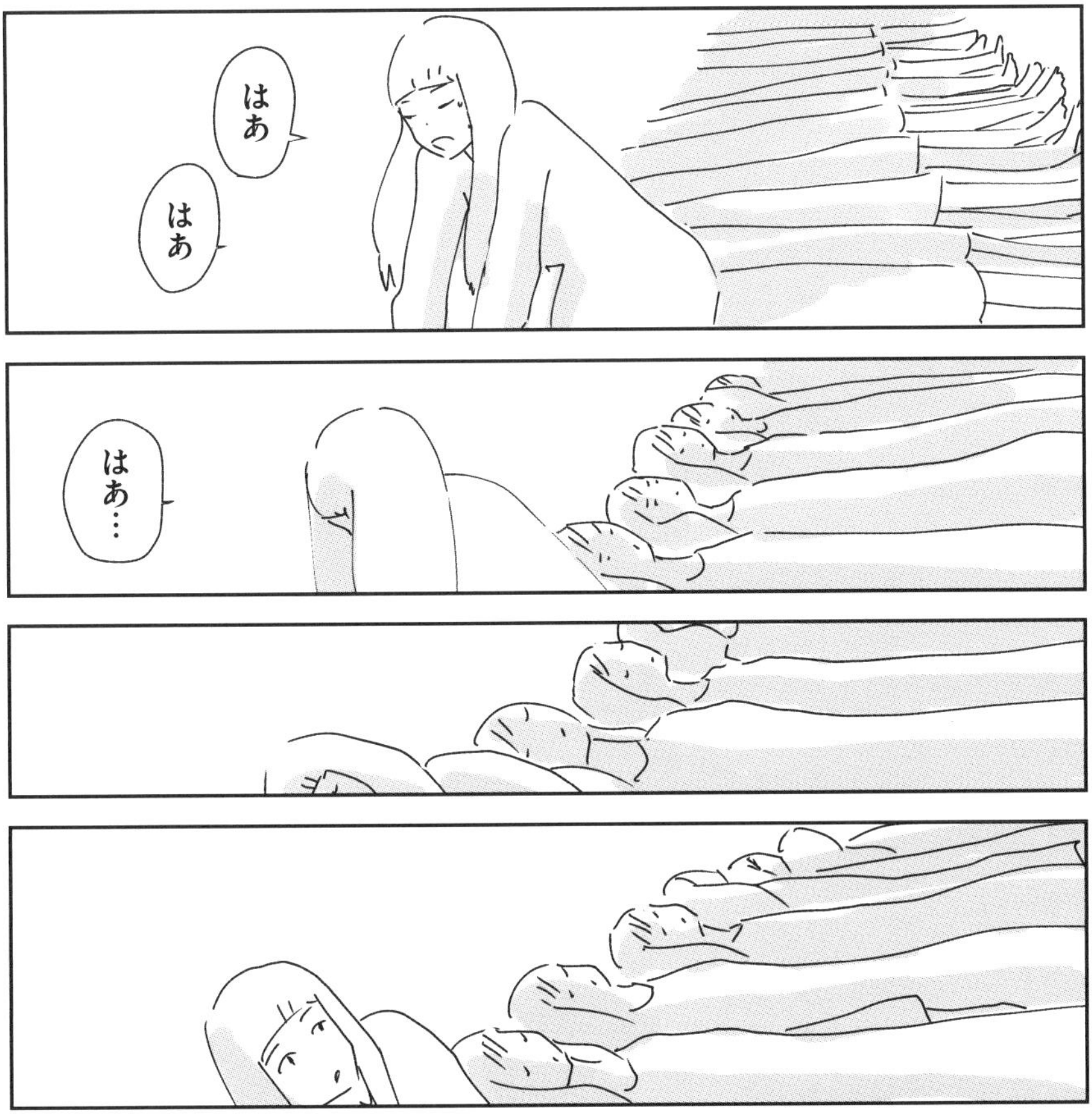

夢の中で、わたしは知らない場所に立っている。けれどなぜかその風景を懐しく、よく知っているような気持ちになったりする。もしかしたらいつかどこかで行ったことのある場所なのかもしれない。そこにひとりの女のひとが座っている。わたしはそのひとと話をする。まったく知らないひと、でもそのひとは、わたしとそっくりの顔をしている。彼女は口を閉ざしたままだけれど、その声がわたしには聞こえる。「わたしは今眠っていて夢を見ているのです。その夢があなたです」それから声は続けて「わたしが目を醒ましたら、あなたは存在しなくなる。なぜならあなたはわたしが見ている夢の内容にすぎないから」と言った。わたしはその場から立ち去ろうとするけれど、なぜか水中にいるみたいにからだが重くなり、遅くなって、思うように動けない。手を大きく向こう側へ伸ばした瞬間、今度は一気にスピードが増して、全速力でわたしは家の庭の壁にぶつか

る。自分の心臓の音で目が覚めた。汗で全身が濡れていて、夢なのに、奇妙に現実的だった。今目覚めているのは、ほんとうにわたしだろうか。自分が昨日の自分と同じかどうかなんて、確かめる術はない。わたしよりも先に彼女が目を醒ましていたとしたら、このわたしはどうなるのか。家の庭の木の陰で、風が吹いて手に持った本のページが捲れていく。わたしは居眠りをしている。知らない間にページは先へ進み、わたしだけが夢の中に取り残される。もしここに飢えた大きなバクがいれば、悪い夢も、原子爆弾も、水素爆弾だって食べてもらえるのに。そうすれば地球はぱあっと明るくなる。夢の中で。

P.S. 京都の縁結び神社でおみくじを引いたところ「吉　鏡のかげにしたがう様に心正しく行いをすなおにすること　特に男女の間をつつしめ」と書かれていました。鏡のかげとは誰のことだろう。

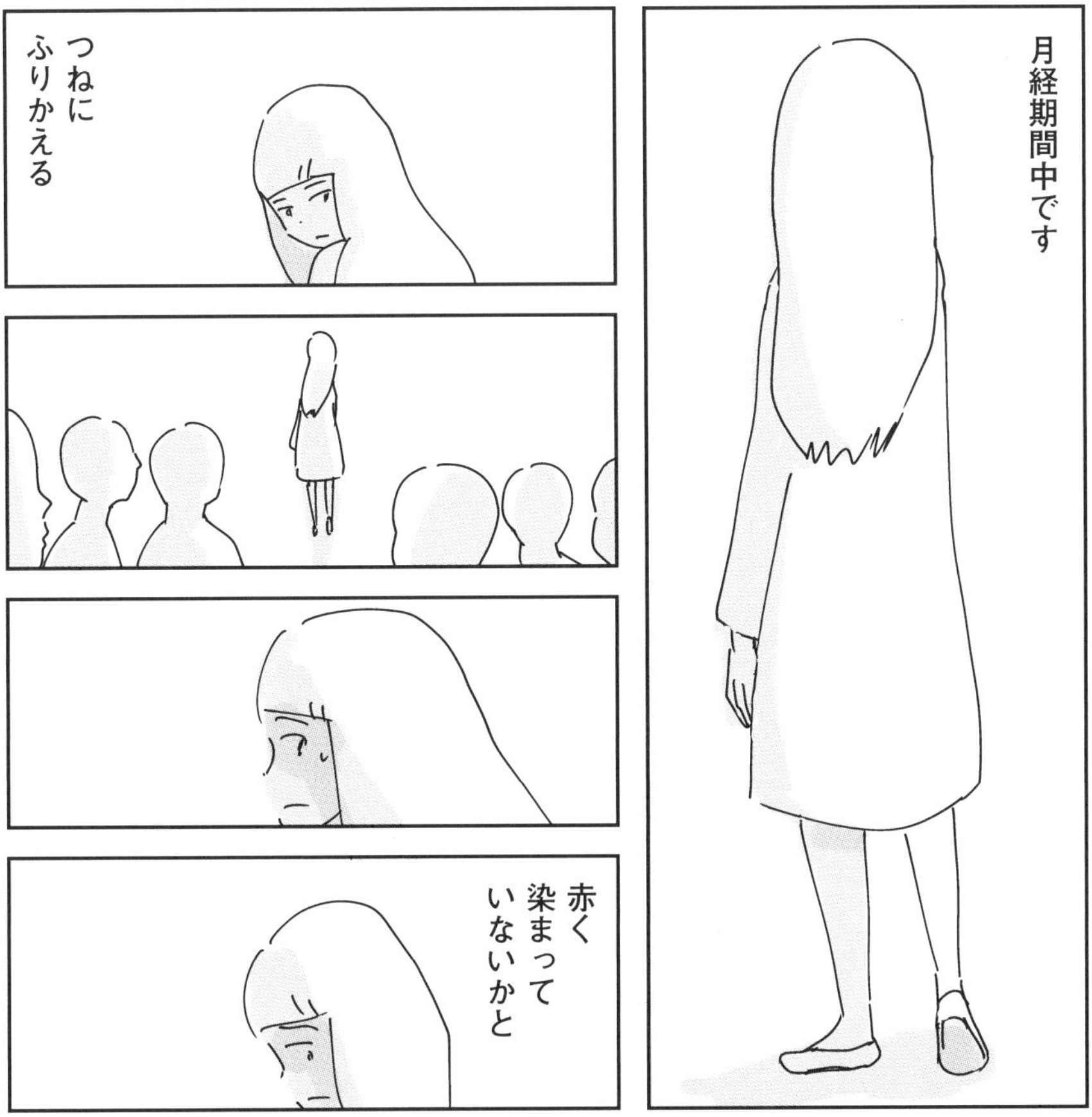

15

赤

○月×日、赤いワンピースを着る。大きな丸襟に胸元にはフリル、膝丈で、大股で歩いたってへっちゃらな幅広ポリエステル製のコムデギャルソンのガールなワンピース。

　赤いワンピースを纏って発語すると、言葉も赤色に染まってゆく。赤字に発熱してくちびるから飛んでゆくと、言葉は目に見えるようになる。発語できる言葉と、それを発語していいひと、するべきひとは、はっきり分かれている。

　赤色は一般的に力強さやエモーション、情熱、崩壊、それらの言葉や意味を内包している。わたしが想像する赤

白い服だから
気になるのだ
血と同じ色の
赤いワンピースを
着ることに
した
これで
大丈夫
いづみ

色は、大地の色。大地そのもののような色。土が真っ赤になるまで地面を掘ったことはないけれど、掘り続ければきっとそこにあらわれる赤の発色は、見たことはなくても見たことがある、想像し続けてきた色。目眩を覚えるような赤色を纏うと、そのまま土へと還ってしまうような、もとどおりへと戻ってしまうような感覚に陥る。根源的なものとでもいうのか。アフリカのある民族の女性は、赤土を肌や髪に塗りこめて、裸で生活している。陽にさらされた赤い姿体は美しく、これが人間のあるべき姿であるように思える。

　もともと存在していなかった「わたし」というものが、ほこりよりも小さなたったひとつの細胞としてある日生まれ、それがやがて分裂、増殖し、流れ、回転し、結合を繰り返して変化を重ね、ついに六兆個の細胞となってこの世界がはじまる。最初に言葉で縁取られ、輪郭が形成され、境界が出来上がり、かたちを持って大地の上に立つ。

活発に動き回る細胞は止めようもなく、血が流動してわたしの内部から溢れ出てしまいそう。人間の血管は繋げると地球を二周半回る。わたしの内部にはてしなく大きな大地が広がっているのを想像する。

そこにいると、時間の流れが途端にゆっくりになって、気づくと何百年もの時間が経過している。たった一秒にも満たない瞬間が、永遠のように感じられる。ブリジット・バルドーやアンナ・カリーナは今もあの姿のまま、そしてこれから何百年先までも、あの赤いニットやワンピースを纏った姿のまま、自身がおばあさんになろうと死んでしまおうと、生き続けてゆくのだろう。永遠の赤。永遠が、目に見えるよう。

映画のように画面に閉じ込めておくことができない演劇は、記憶しか頼りにならない演劇は、誰かの目に焼き付けることは可能だろうか。赤色を纏ってわたしは、彼女たちみたく、舞台の

上ではたして何年生きられるのか。十年先、二十年先、三十年先、四十年先、五十年先、六十年先、七十年先？　それからもっと先までも、百年先、二百年先、三百年先？　映画のテープが擦り切れて見られなくなってしまった後も、記憶だけは擦り切れないでいられる？　わたしは、演劇は生き続けることができるのか。

P.S.　赤いリボンも大好きです。戴き物の箱の包装紙をくるむサテンやベルベットの赤いリボン、プレゼントの外側の、赤いリボンをわたしにください。

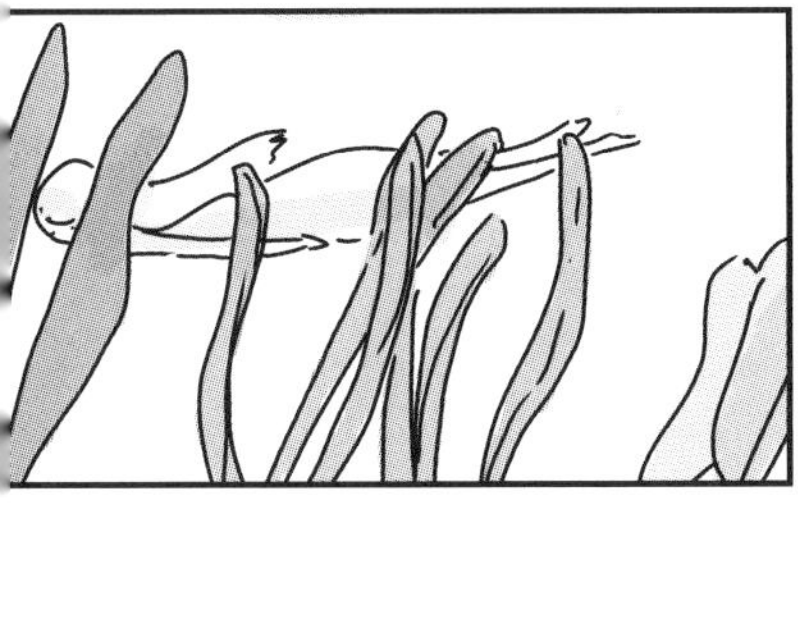

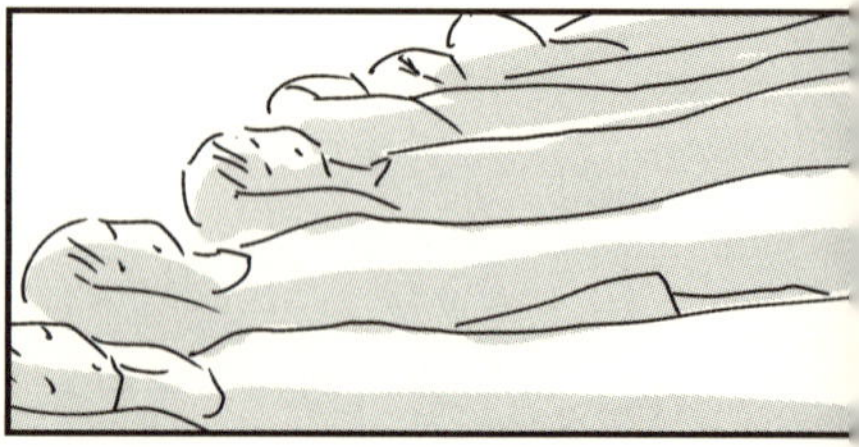

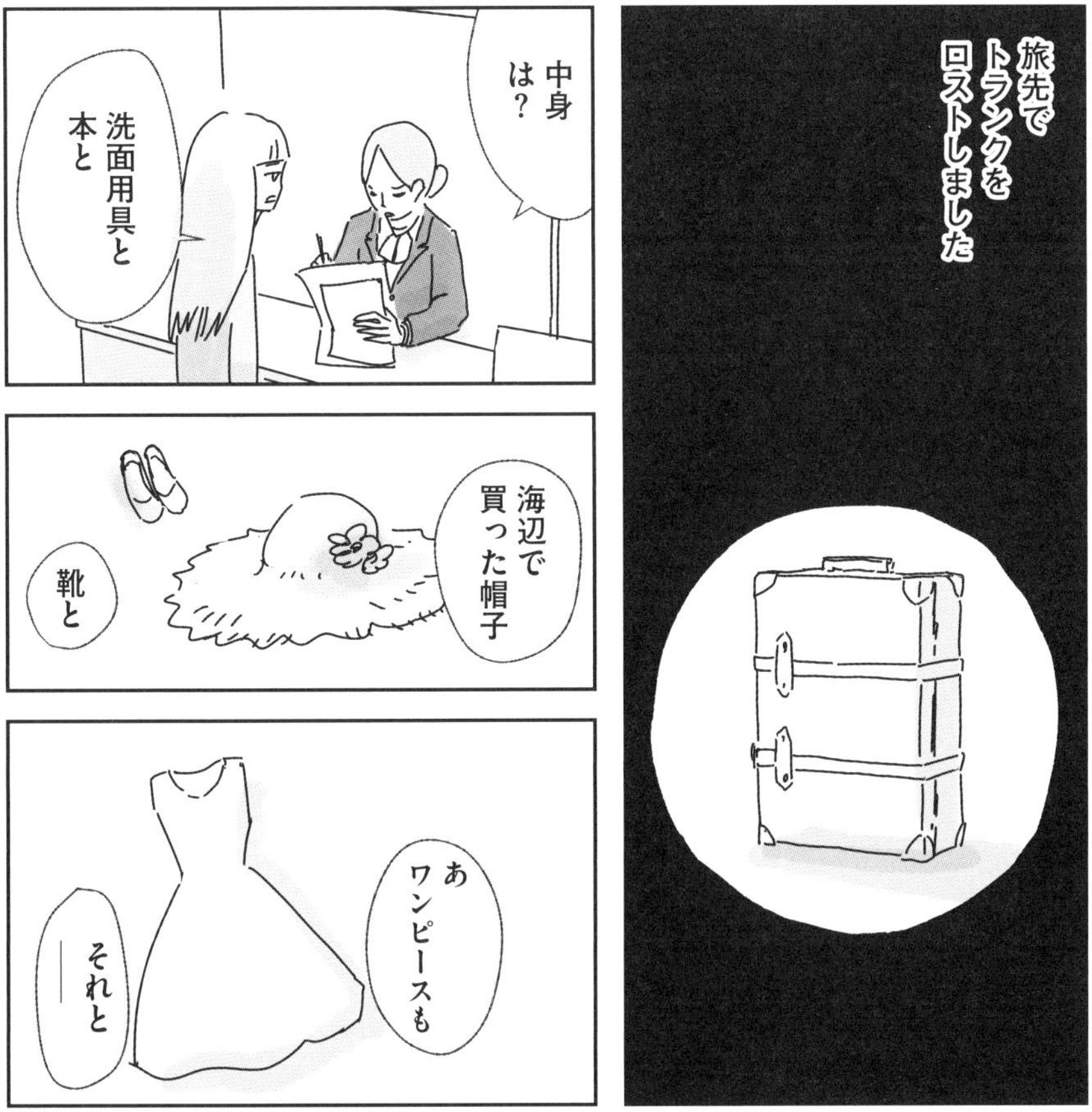

16

パリ

○月×日、パリに到着。約二カ月にわたるツアーの三都市目である。今回は普段に比べ少し長い滞在となるため、いつも使っているリュックと、紺色の小さなトランクを新調した。今現在すでに荷物があふれているけれど、帰りのことは何も考えないようにしよう。

夜遅くモンマルトルのホテルに着いて、アラブショップに水を買いに一瞬外に出ただけで、夜が煌めいているのが見えて、わたしはパリが好きだと思った。

○月×日、フランスのホテルの朝食はクロワッサン、ハム、チーズ、ヨーグルトとコーヒーだけのシンプルなもの。朝食のラインナップからサンドウ

ィッチを作り、くすねて持ち帰るのはもうプロ並みだ。午前中にモンマルトルを散歩する。丘の上の八百屋。鞄から飛び出したセロリ。写真機（三ユーロ）。大きな階段。見たこともない、名前のわからない楽器を演奏する楽器奏者、丘から見渡せるパリの景色。今日はとてもいい天気だ。午後から劇場で、今年から始まった非常時の脱出経路の確認と、リハーサル。今日買ったもの。聖マリア教会のマリア様のメダル、黒と紺のリブタイツ。

○月×日、午前中はバスでオペラまで行き、パレロワイヤルまで歩く。欲しいと思っていた靴を探すもお店を三軒まわっても見つからなかった。タイツや靴ばかり買って、いったい足はいくつあると思ってるんだろう。電車の切符も無駄に消費し、どんどん右ポケットに溜まってゆく。右ポケットはスリに狙われるので貴重品は絶対に入れないように。今日の初日は、劇場が持つ空間と客席、舞台とがすべて〃ある

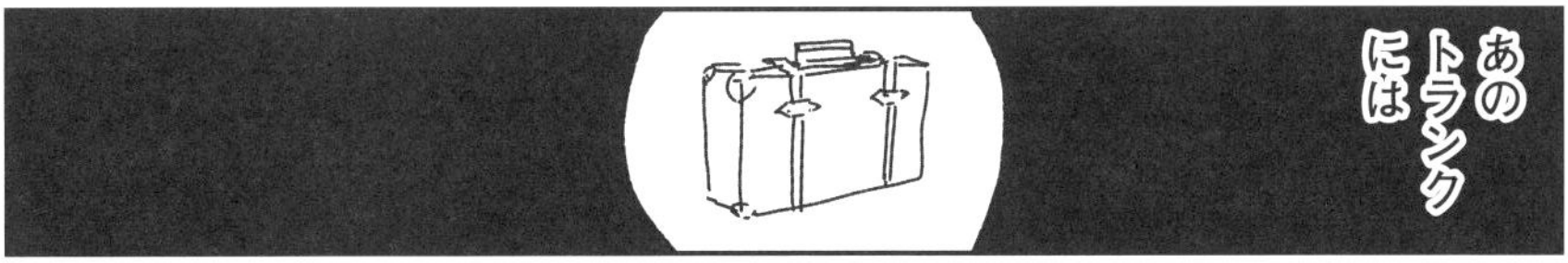
あのトランクには

いずみが入っていたんです

このままみつからなかったら——

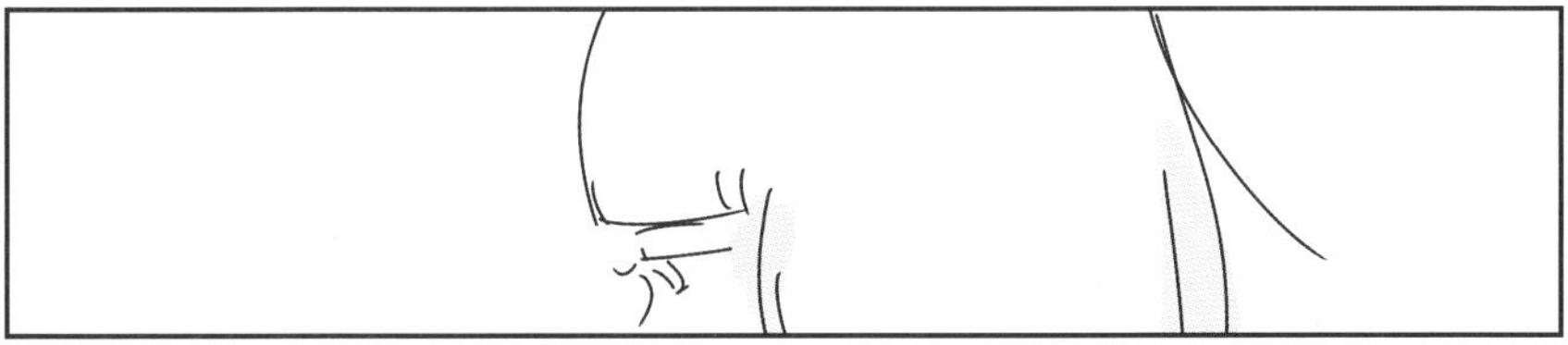

べき形〟になっていることをそこにいる全員が感じられているような、良い公演だった。劇場付きの衣装さんに衣装のほつれを直してもらう。今日買ったもの。ハーブ薬局のオイル、日本のふりかけ、石鹸入れ。

○月×日、午後からメトロに乗ってオベルカンフ方面へ行く。レピュブリック広場で兵器使用に反対するデモがあって、使い古した靴たちがたくさん積み上げられて山のようになっていた。そこから南に下ったところにバタクラン劇場がある。まだ工事中だった。どこへ行っても、ほんとうにこんな場所であんな出来事が起こったのだろうか、と思ってしまう。今日買ったもの。靴を諦めたので（ので？）ＧＵＣＣＩのピンク地に黒ヒョウのセーター、イチジクのムースケーキ、下着、黄色い水着。

○月×日、公演が終わった後、サンジェルマンにご飯を食べに行く。帰りにポンヌフ橋を渡る。夕暮れ空の下の

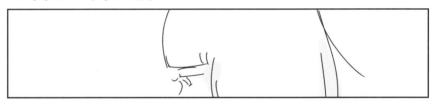

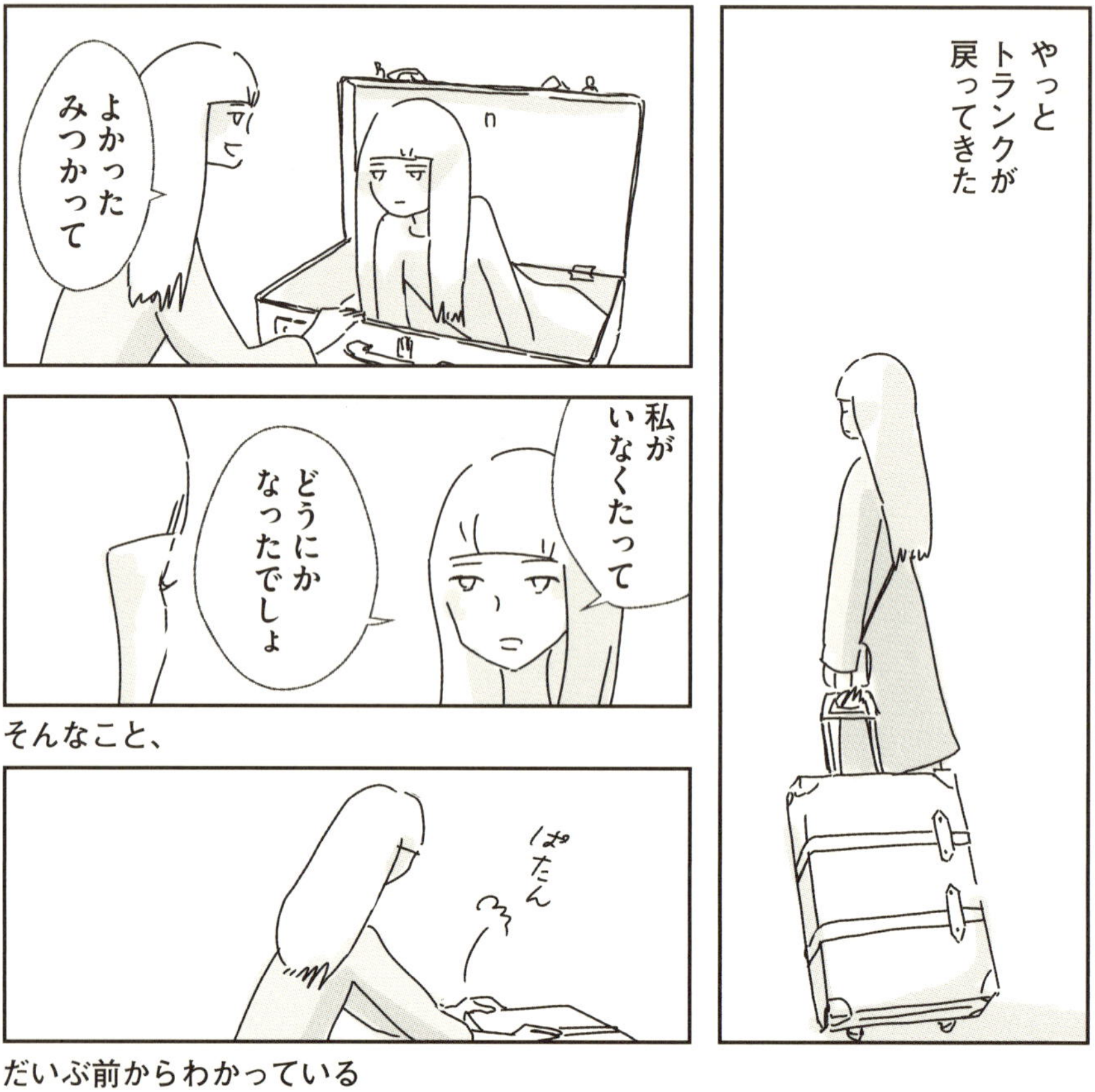

ポンヌフも青く紫で美しいけれど、街灯の明かりですべてがセピア色に染まる深夜の時間帯がいちばん好きだ。セピア色のなかで月だけが白く大きく、空に浮かんでいた。ここではない遠くの場所のどこかからも、月は誰にもおなじように見えているのだろうか。満月はどこから見ても満月なのだろうか。引力に引っ張られて、どこまでも落っこちていってしまいそうだ。

P.S. パリ公演の後は南仏マルセイユで公演があったのですが、オフの日に海で飲んだり泳いだり浮かれた麦藁帽子を買ったり観覧車に乗ったりして調子に乗りすぎたせいか、その次に行った都市、極寒のルブリンで新品のトランクをロストしました。一週間後に無事見つかったけれど、ルブリンはほんとうにラビリンスでした。

こどもの頃から
髪の毛が
のびるのが
早いんです
少女らしい
黒くて長い髪から
もう
大人なのだから
そろそろ卒業かな

17

髪

○月×日、伸びた髪の毛を切りに行く。

　わたしの髪はするすると伸びる。切っても切ってもすぐ伸びて、眉毛の位置に切り揃えられていた前髪もあっという間に睫毛《まつげ》まで届いてしまう。髪の毛が伸びる速度がひとよりも異様に早い気がする。髪の毛たちが意思を持ち我れ先にと伸び出しているようで、こわくなる。そして伸びる速度もさることながら、その量も半端ない。ポニーテールをすれば手巻き寿司のようになるし、毎日百本以上も毛は抜け落ちているというのに（抜ける量もホラーだ）、それでもわたしの頭にはまだびっしり

——と思うが時すでに遅し

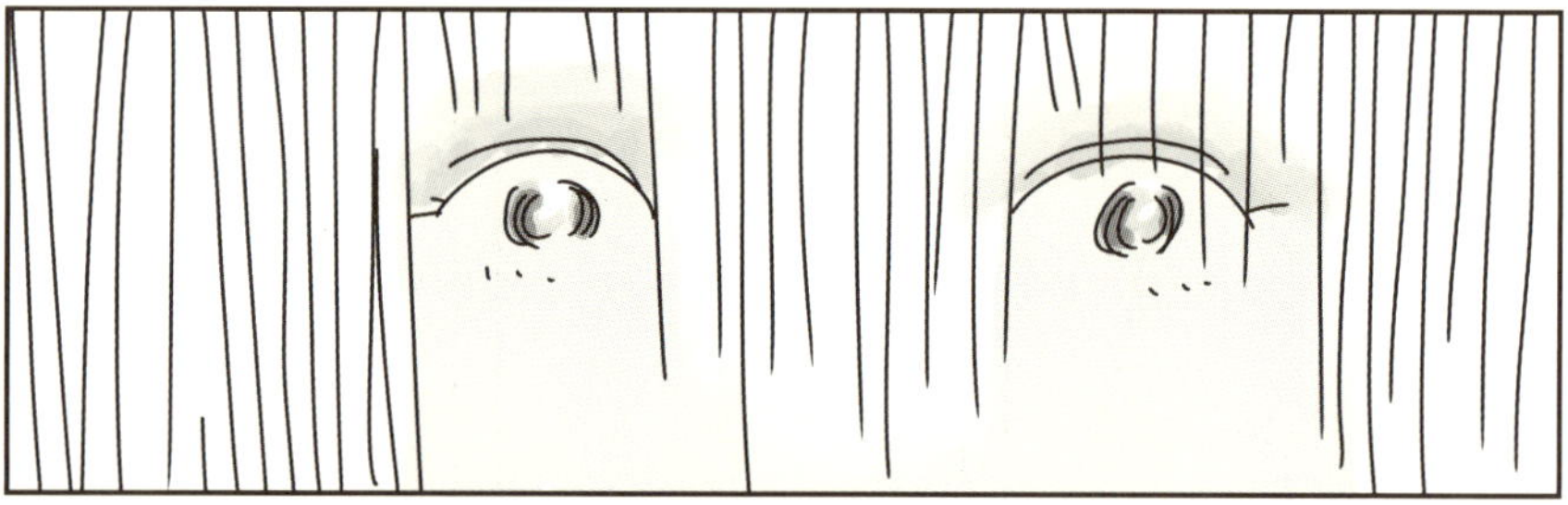

髪の毛の牢獄に閉じこめられたかのよう

と黒々とした髪の毛たちがしがみ付いている。まるで髪の毛の森。髪の毛おばけだ。伸びる速度についてゆけずそのまま放っているだけの長い黒髪と重たい前髪がもうトレードマークのようになってしまっているわたしという存在は、その半分以上が髪の毛で認識・識別されているのではないかとまで思われてくる。ニョキニョキと生えてくる屈強な毛たち。いつかわたし自身も追い越して、わたしの意識も髪の毛おばけに支配されて、全身毛だらけの本物のおばけになってしまったらどうしよう。毛だらけのおばけの名前は、何と言うのだっけ。海外の硬水シャワーや四度の連続ブリーチといった数々の拷問も平気な顔して潜り抜けてきたいまのわたしの髪の毛たちを見ていると、死んでもこの攻撃は止まなそうだ。いったい誰が、わたしの意識の外で髪の毛たちに生えよ生え続けよと指令を下しているのか。自分のことなのに、何にもわからない。

荒々しいほどの生命力を持った髪

わたしはいまだ少女にとらわれている

どんな環境下でも決して屈しないこの極太の黒髪とは正反対の、三つ編みをしてもすぐ解けてしまうくらいにやわらかで細くてぺたんこで色素が薄くて少し引っ張ればプツンと切れてしまいそうな、そんな髪の毛を持つ女のひとが、わたしは好きだ。そんな女のひとになりたい、のではなく、そんな女のひとと、女のひとの髪の毛と付き合いたい。ひとの意識とその身体とは別々のもののような気がして、ひとの身体に触れることがこわくてできないのだけれど、そんな女のひとの髪の毛にだけは触れてみたくなる。

わたしとはまったく正反対のもの。やわらかなかたちをした女のひと。わたしの知らないものがそこには詰まっている。

髪の流れに沿って、あるいはその中に指を差し込んでくしゃくしゃに撫でてみたい。やわらかな髪の地平線の底へと沈んでしまいたい。身体のどの部分よりも髪の毛の奥の奥に、彼女その

軽くてふわふわの髪

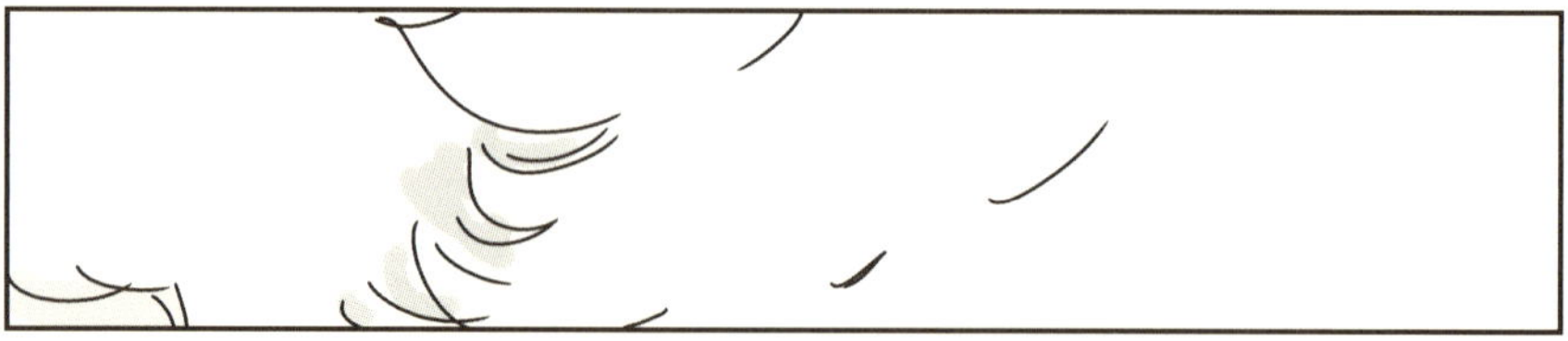

あんなふうに自由になれたなら——

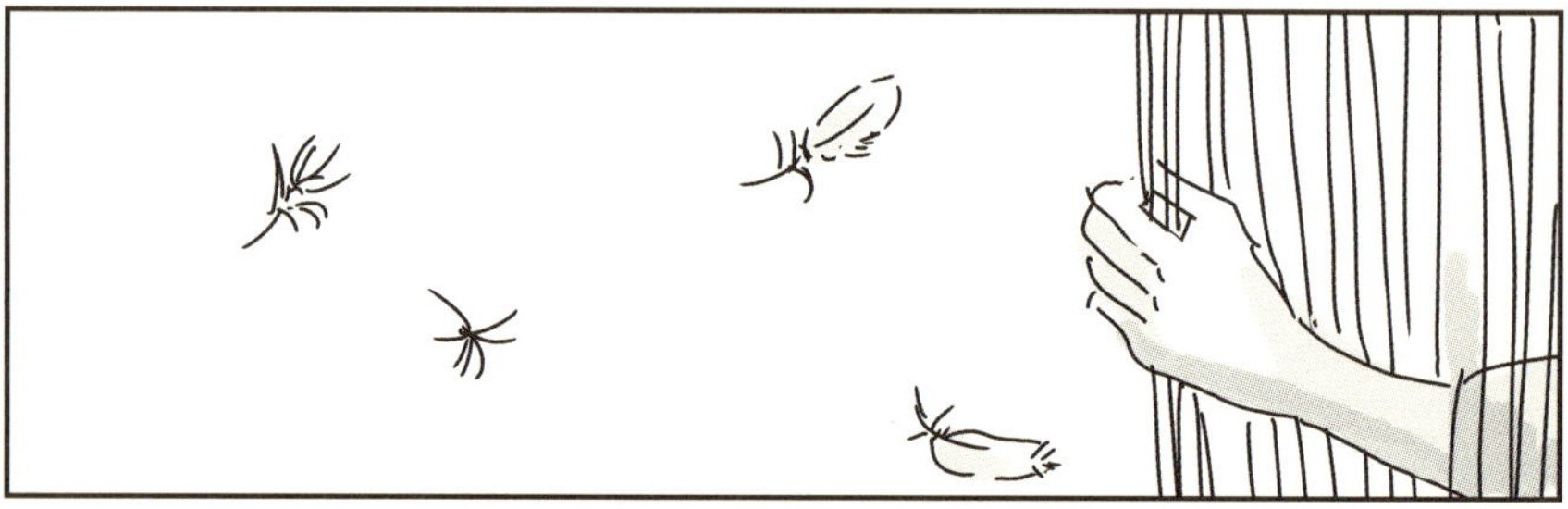

ものが潜んでいるように見える。わたしのいとしいひと。いとしい髪の毛。

けれど髪の毛の森に閉じ込められているわたしには、彼女に触れることは絶対にできない。

P.S. 先日ついに自分の髪の毛に首を絞められる夢を見ました。目覚めたらほんとうに髪が首に絡まっていた。髪の毛おばけに丸ごと乗っ取られてしまう日も近い。

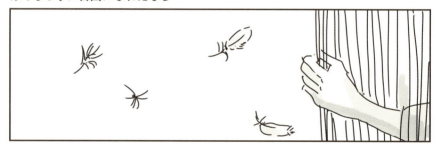

暗闇をいずみと共に歩く

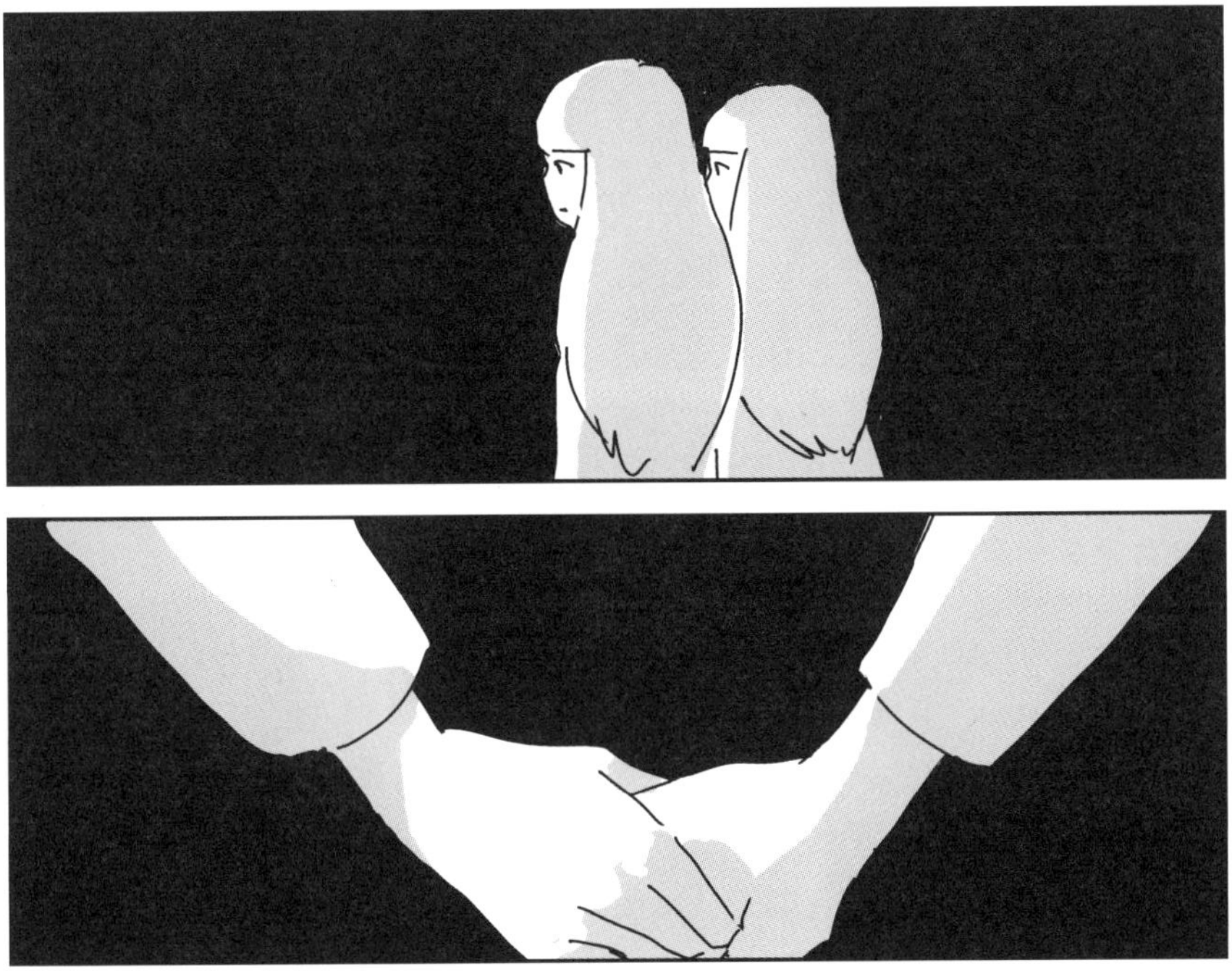

18

青

〇月×日、冬の始まり。街の全体がまるでドイツのデパートみたい。スーパーマーケットでは聖歌が流れ、あたり一面人工の星々が煌めいている。四角い光、丸い光、手袋をはめて、マフラーにくるまれて、ブーツの足音を鳴らして急ぎ足で歩く人々。クリスマスもすぐだ。

そしてわたしはクリスマスとはまったく関係がなく、今日も劇場にこもりきりである。

朝九時に劇場入りしてストレッチと筋トレを一時間、マイクを装着してから五時間の稽古、稽古後はマイクを外してすぐにメイク三〇分、ふたたびマ

いずみはあらゆるものに変身する

イクを着けて衣装を着せてもらうのに二〇分、髪型をセットして二〇分のうちにあっという間に開場、そして開演。一時間四〇分の本番があって終演後は慌ただしく退館の準備をし、劇場を出るときにはもう夜の十時過ぎ。劇場にいる間は「わたしの時間」というものは一秒もない。

開演三分前になると舞台裏の電気はすべて消され、暗闇になる。青い照明だけが暗くぼんやりと照らされて、開演の合図が来るまでの間、わたしたちはその青い闇の中に立っている。見上げると、高い天井やバトンに吊るされた出番を待つたくさんの機材たちが、静かにそこにある。どこの国でも、どこの劇場でも、青い闇は変わらない。青い闇だ。客席からは決して見えない、わたしたちにしか見えないあの闇の中。わたしが生きて、いちばん目にして、記憶している色は、あの青い闇の色かもしれない。そして開演とともに、おしゃべりや足音でざわめいていた客席

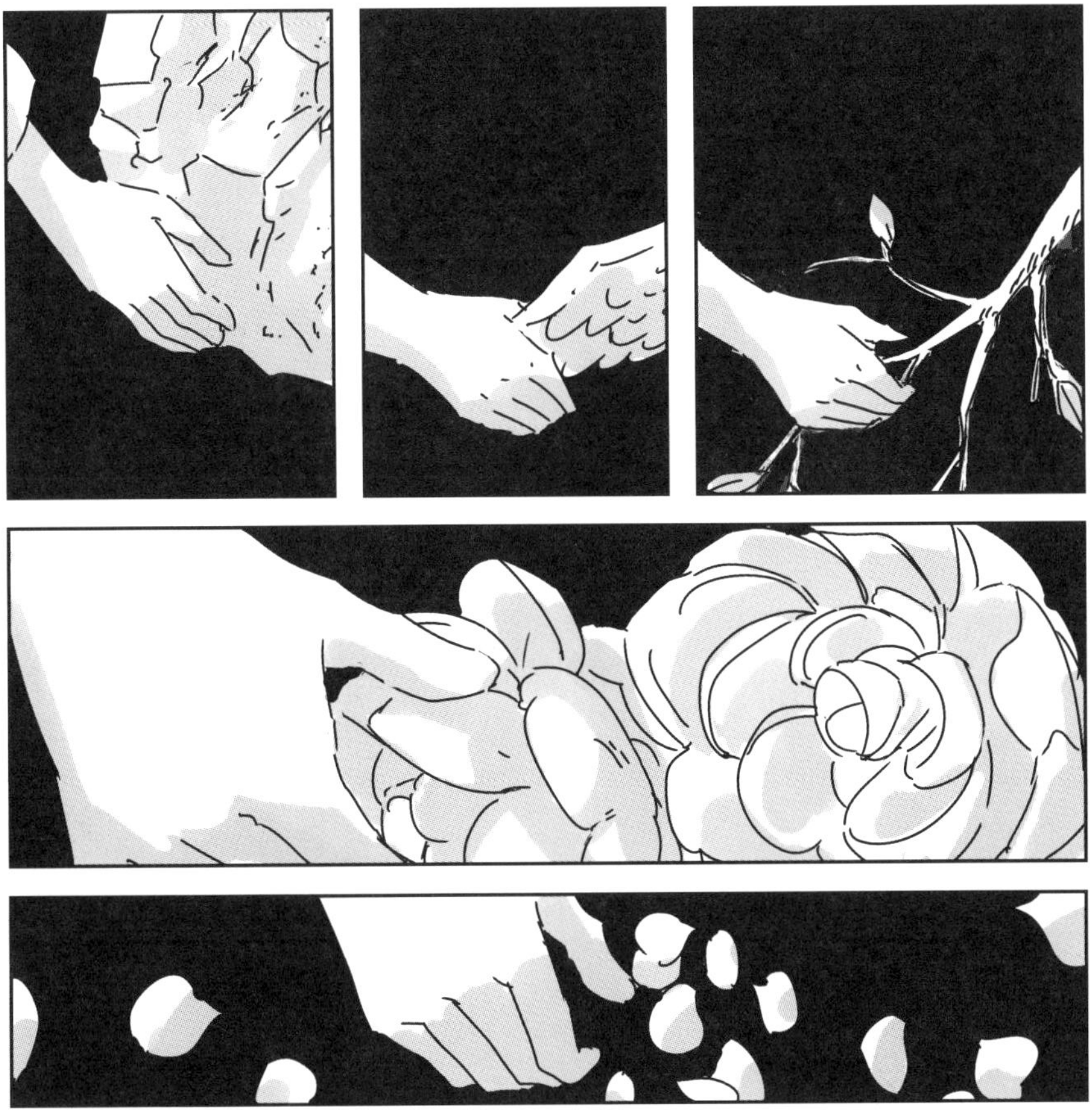

に、一瞬にして静寂が訪れる。青い闇の中で、劇場にあるすべてのものが静まり返るあの一瞬、瞬間。

暗闇の劇場の中で、舞台に立ち上がり、わたしは言う。

わたしの光。わたしが恋するひと。大空で一番美しいふたつの星。空に光をあふれさせ、昼と見まごう明るさに、鳥たちはさえずりだすだろう。

暗闇の中で、わたしたちはいつも光を探している。でもわたしたちは、いつまでも青い闇の中に立っている。光はすべて目に見えない。繰り返すたびに、青い闇の中へと巻き戻る。この闇は、はじまりなのだろうか。それともおわりなのだろうか。

今日、劇場の楽屋口から外に出ると、劇場の中とまるで同じ、空いっぱいに青い闇が広がっていた。冬の青い闇。月のない夜空には、目を凝らすとぼんやりと、星々が青い闇の中に浮かんでいる。あれは、星座になったあのひとの目。空に光をあふれさせ、昼と見ま

そのとき

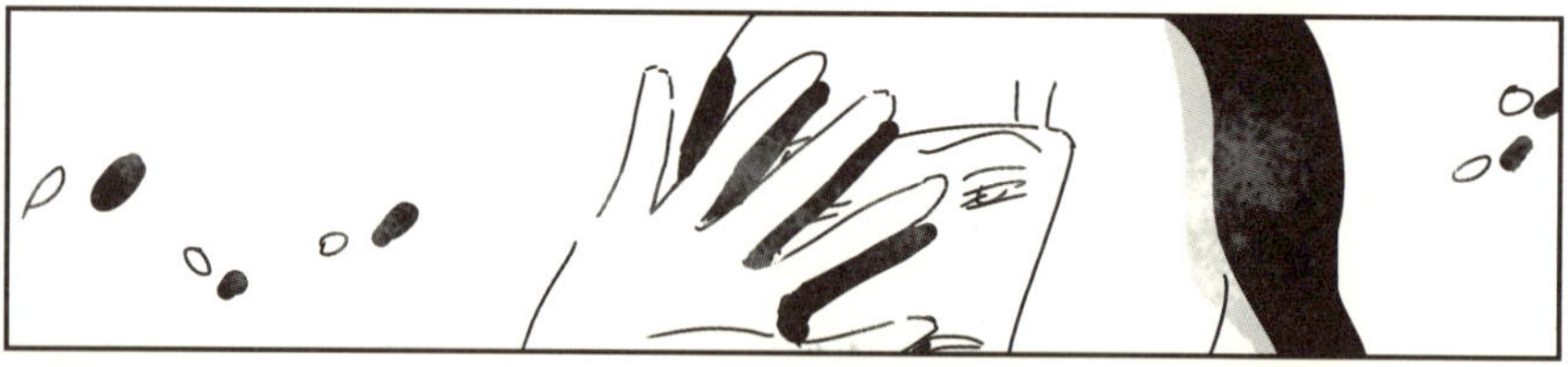

暗闇に光が……

ごう明るさに、鳥たちはさえずりだすのだろう。

　劇場にも、劇場ではないここにも、光が差すことはあるだろうか。わたしの声は、劇場で、それから劇場の外へ出てこの現実の世界で、どこまで届くだろう。誰に届くのだろう。暗闇をゆくわたしたちは、ほんとうに、あかりを見つけることができるだろうか。

　わたしの声は、言葉は、白い息になって夜空を這い、夜空を掻き上げ、青い闇の中に吸いこまれてゆく。

P.S.　クリスマスプレゼントには、濃い青色にも黒色にも見えるようなワンピースをもらいました。わたしのからだごと、青い闇の中に溶けてゆきます。

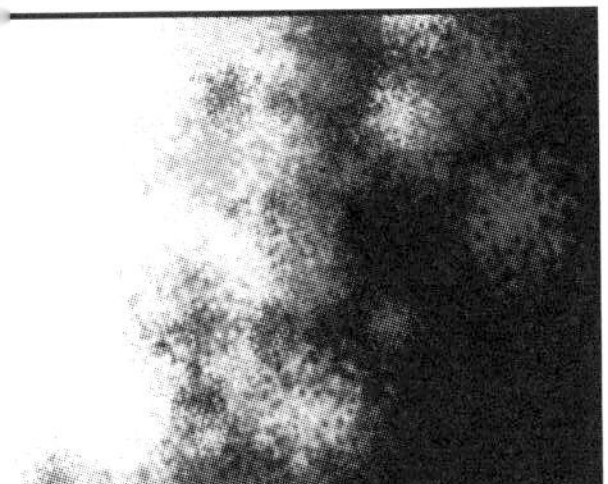

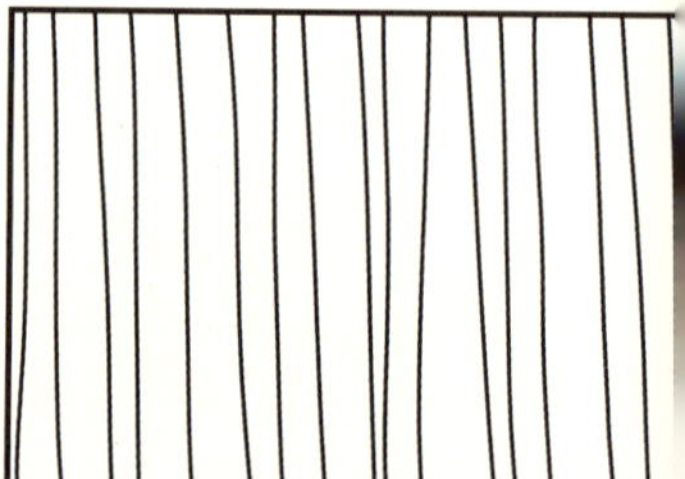

19

欠点

○月×日、することがないのでじぶんの欠点について延々と考える。することがないはずはないのだが、稽古や本番がないときにはなんだかからだが実体を失ってしまったようで、なにもする気が起こらないのだ。まるでいる意味がない。冬の寒さのせいもあるのだろうか。足下ばかり見ている。

わたしの足がいま履いているのは新品の焦げ茶色のショートブーツ。あたらしい靴を履くと気持ちもあたらしくなるだろうかと思ったけれど、そんなこともなかった。それよりもまた靴を買ってしまった。ひとつめの欠点。それからふたつめ、わたしは靴をすぐに

汚す。このブーツも革靴だから、雨風に晒されても手入れされることもなく、毎日履き潰されてすぐに旅人のボロ靴と化すのだろう。

　今よりあとに起こることは今のわたしにはまったく関係がなく、あとのわたしが何とか解決するだろうと本気で思っているところがある。一瞬ごとにあたらしいわたしがぽこぽこと生まれ出て、これまでのわたしは死んでゆくけれど、あたらしいわたしも今以外のことの責任を負わないので、今よりまえに起こったことはすぐ忘れてしまう。何かが苦しい、という感触だけが残っている。みっつめの欠点。

　そして最大の欠点。あるひとから指摘されたことだけれど、わたしにはひとを愛する機能が欠如している、もしくはそもそも備わっていないのではないかということ。ほんとうにみんなが言うことが正しければ、もしかしたらわたしは誰かを愛したことがないかもしれないとわたし自身も思う。みんな

が言う、誰かを愛するとはどういうことだろう。今よりまえのことをすべて忘れてしまう自分に、他者を認識することなんてはたしてできるのだろうか。

　ある昔の映画で、旅芸人の一座の看板女優が旅先で恋をして、失恋をして、泣いているところに一座の座長がやってきてこんな台詞を言った。

　人生がどうした　お前は一座のもの
幸せは舞台でしか見つからん　そこがどこであろうと二時間ほど別の人物になれば　我を忘れられ　演じる役を通して　本当の自分を発見できる

　わたしは舞台の上では何にだってなれる。想像があれば、どんな人間にも、人間じゃなくたって、例えば鉄やスライムにだってなれるのだ。そして、わたしなんてものはいなくてもいいのだ。舞台の上では、いなくたっていい、ということもできる。でもそれは、舞台の上の話。

　舞台の上ではない、今ここにいる、何にもできない、何にもなれない、役

立たずで欠点だらけの、それでも生きて、考え、言葉を話すこのわたしはいったい何？　みんなが言う幸せとは何のことか。本当の自分は、どこにいる？

P.S.　今年前厄になりました。役者は厄を落とさないほうが良いと言われたのですが、ほんとうでしょうか。

いずみが
稼いだお金で
大好きな
服を買う
いずみは
よく働いたから

20

わたし

○月×日、目をあけると、今日も朝がやってきていた。わたしが眠っているあいだにどうかすべてが終わっていてほしいとどんなに願っても、朝は訪れ、わたしは今日も昨日と同じように目を覚ます。

　朝がこわい。朝がこわい。わたしはこんなに朝がこわいのに、わたし以外のみんなは朝がやってくることがこわくないのだろうか。わたしはなぜ、こんなに朝がこわくて苦しいのだろう。この世界ではなぜ、恐怖では生物は死なないようにできているのだろう。

　朝起きると、わたしのまわりのものが少しずつなくなっていっていること

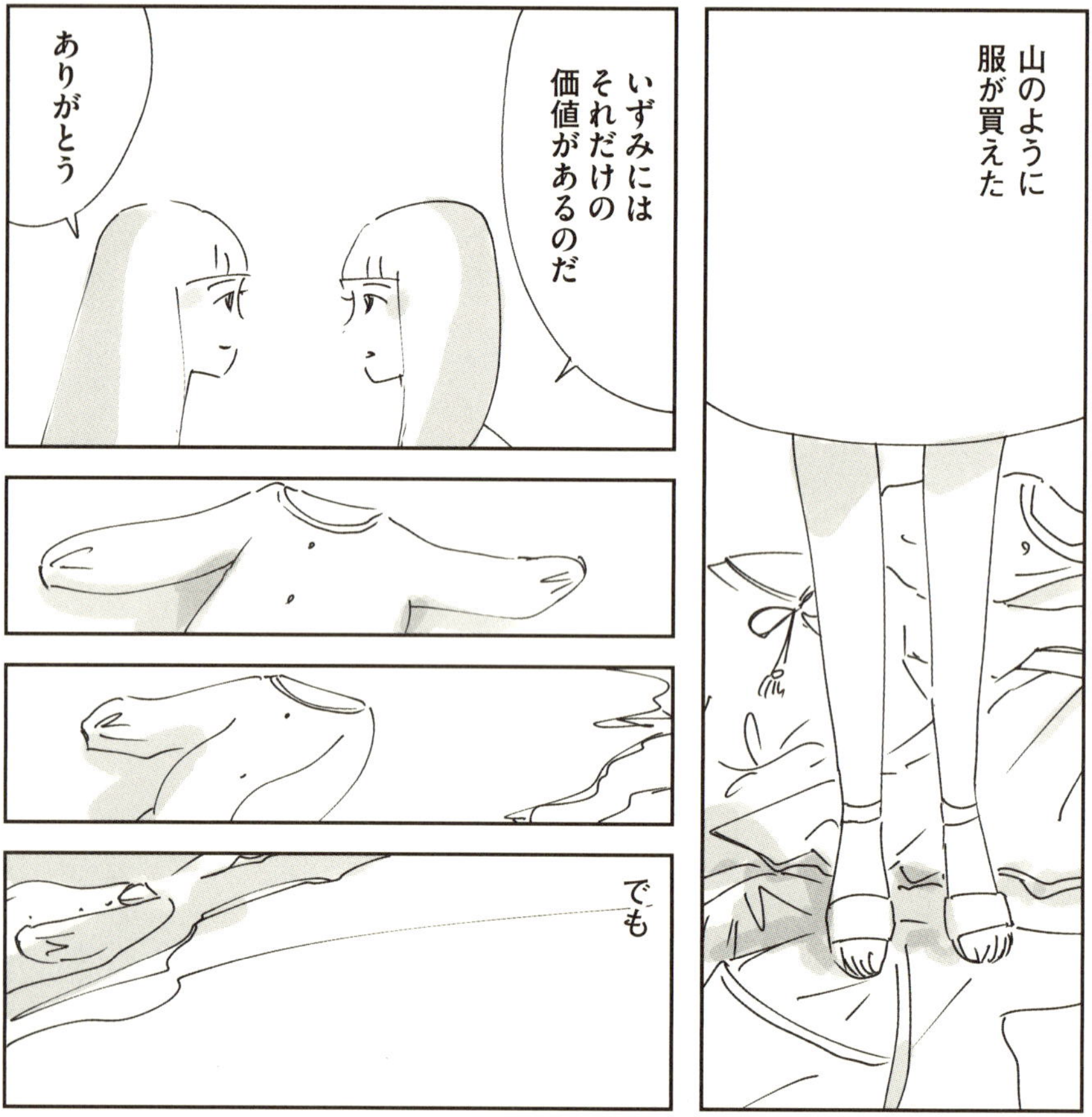

に気がつく。昨日のわたしが全部食べてしまったのだ。わたしはわたしの好きなものは何だって食べてしまう。お気に入りの洋服や靴や鞄も、アクセサリーだって昨日のわたしが食べてしまって、今日着たい服が見つからない。それから、わたしの中に消えてしまったものたちのことがだんだん思い出せなくなって、何がなくなってしまったのかもはっきりとわからなくなってゆく。記憶ごとすべてなくなって、わたしが何だったのかということさえ忘れてしまう。好きだったぬいぐるみも、ハンカチも、好きな本も好きな花も好きなうたも家もひとも、全部飲み込んで、わたしのからだは日々別の生物みたくかたちが変わってどんどん膨らんで、終いには風景や町までも飲み込んで、わたしのまわりにはわたし以外何もなくなってしまう。食べるものがなくなってひとりぼっちになったわたしは、悲しくて泣く。そうして口からタコの手足のようなものを出して、自分

すべて
流されてしまった

のからだを捲り上げひっくり返って、すべてがもとあったその場所に戻ってゆく。わたしだけがそこからいなくなる。

　こうやって言葉にしていること、想像していること、これらはすべてわたしの記憶、わたしの経験、わたし自身の、わたしだけのものではない。

　この嘘みたいな世界で、あらゆるわたしがわたしのまわりを飛び交い、ぱちぱちと弾けている。サイダーの泡のようにも見えるし、星のようにも見えるそれらがぶつかり合って瞬く度にわたしも瞬きを繰り返し、その度ごとにわたしは別のわたしに移ろい変わってゆくのを感じる。この世界にあるたくさんのわたしたちに、わたしはなってゆく。

　わたしが今、はっきりと認識しているわたしやこの世界以外に、もしかしたらこうではない世界、こうではなかったわたしも、どこかに存在しているかもしれない。こうではないわたしや

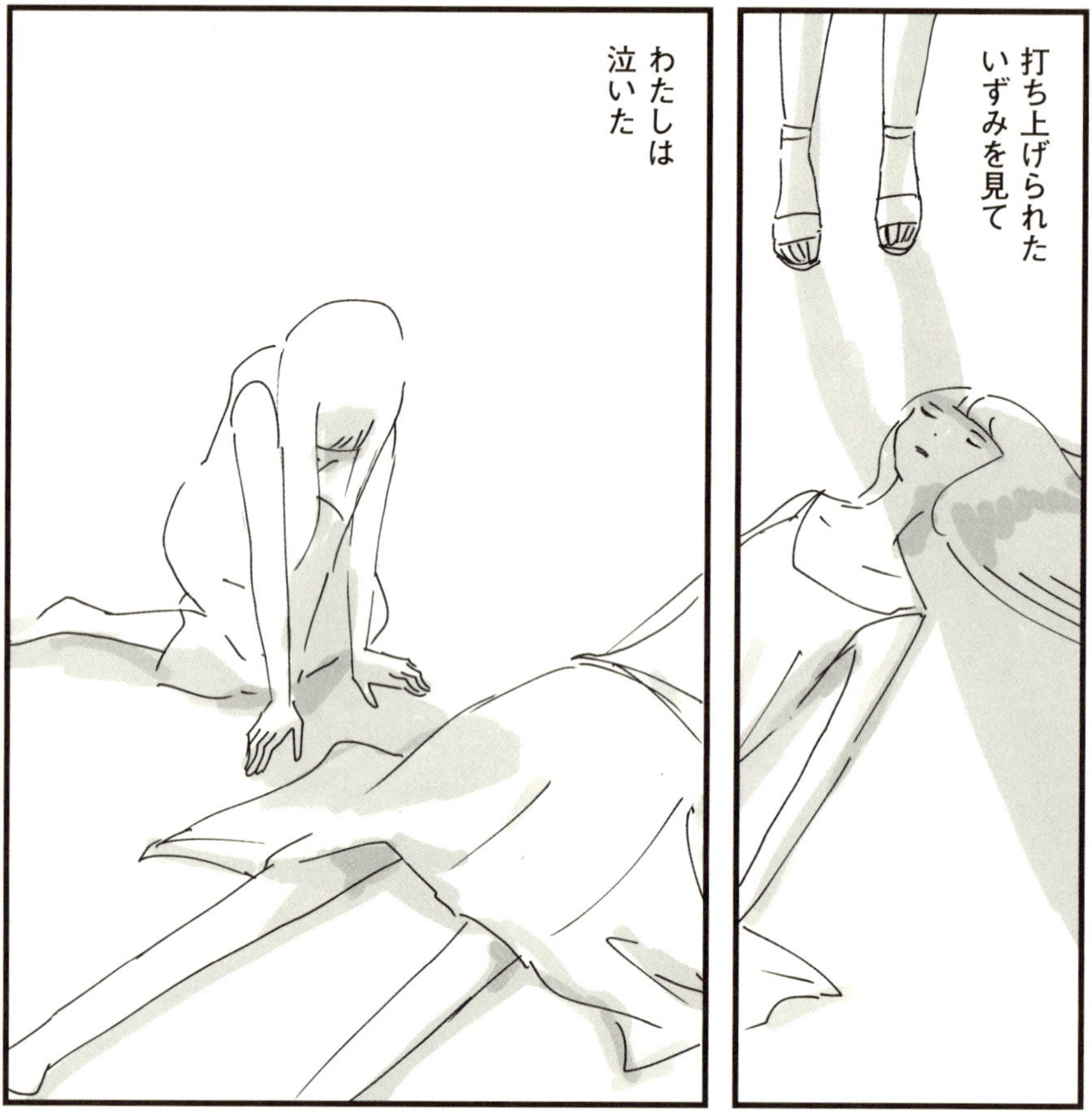
打ち上げられた
いずみを見て
わたしは
泣いた

世界をここにいるわたしは知り、救うことはできるだろうか。何が正しくて、何が正しくないことなのか。正しいことをしていると、なぜ確信できる？嘘やほんとうなんてものが存在しない、何もかもがどうでもいいと片付け捨てられるこの場所で、正しさというものは、見えるのか。

みえるものも　わたしたちの姿も
ただの夢　夢の中の夢

スクリーンの中では少女たちが森を彷徨いながら、歌うように話している。映画が終わり画面が真っ暗になっても、この現実は続いている。

P.S.　この春は籐のバスケットトランクを二つ購入しました。バスケットに水筒もサンドウィッチもあなたも全部詰め込んで、少女たちが消えた森へピクニックに出かけたいです。

21

神様

○月×日、八センチある厚底のサンダルを買った。歩くたびにぽくぽくと音が鳴る木底のサンダルを履くとわたしは一六七センチになる。底のある靴はほとんど履いたことがなかったので、別人に生まれ変わったみたい。でも、身長が伸びても、わたしが見たいものは何も見えない。

赤いバレエシューズ。三センチ。一六二センチ。

黒のストラップシューズ。五センチ。一六四センチ。

どんなに背丈が変わっても、わたし自身は変わらないまま、どんなに手を伸ばしても、どこにも届かないままだ。

もっと高い靴を探さないと。
　あたらしい高い靴を履いたらどこへ行こう。
　飛行機に乗ってみよう。今夜はちょうど新月だ。新月の夜に願い事をすると、それらはつぎに満月がやってきたときに叶うという。新月の願い事は、新月になってから八時間以内に行うのが好ましい。わたしは地上の誰よりも新月に近い場所にいるはずだから、願い事も誰よりも早く月に届くかもしれない。手を伸ばせば、もしかしたら届くかもしれない。それでもわたしはこわくて手を伸ばせない。飛行機はそのまま、地上に着陸してしまった。
　あたらしい場所へ着いたら、教会へ行こう。石畳に靴音を響かせて、どれくらい歩いたかわからないけれど、森のなか、大きな川を越えたところに古いニセアカシアの大木が植わっていて、その脇にぽつんと小さな教会が建っている。ひどく見すぼらしく陰気な外観で、一見するととても教会には見えな

い。サン＝ジュリアン＝ル＝ポーヴルと書かれてある。ドアを押してみると開いたので、中に入ってみた。

　外からは小さく見えたのに、中に入ってみるととても大きかった。整然と並べられた木の椅子。椅子たちから影がのびている。オルガンの音色が白い壁と高い天井に静かに響き、人々は一言も声を発さない。教会にいる人々には、言葉がない。ピンク色のスーツを着たおばあさんが膝をつき、マリア様に向かって祈りを捧げている。横から覗くと彼女は泣いているように見える。ステンドグラスを透かして差した光が、冷たい石の床や柱に反射している。そこは光で溢れていた。

　誰が見ても綺麗だと思えるものや、誰が聞いても美しいと思えるものは、やっぱりどこかにあるのだろうと思う。そしてそういう場所に、神様はいるのだろうか。

　明日の朝にはまた同じ苦しみがやってくる。祈り続け問い続けた先に、救

われることはあるだろうか。誰が救ってくれるのか。

教会のなか、わたしはわたしの声を発してみる。神様、

わたしの神様、どこにいる？

上にいる？　それとも下にいる？

水平にいる？　もしくは垂直にいる？

どこへ行けば、わたしはあなたに会える？　わたしたちが見たいもの、それはどこにある？

P.S.　三度引いたおみくじ、三度目の正直で大吉が出ました。朝日が輝き、今までの闇夜に満月が周囲を照り渡すことでしょう。と書かれていました。今日は満月。神様、この世界に光が差しますように。

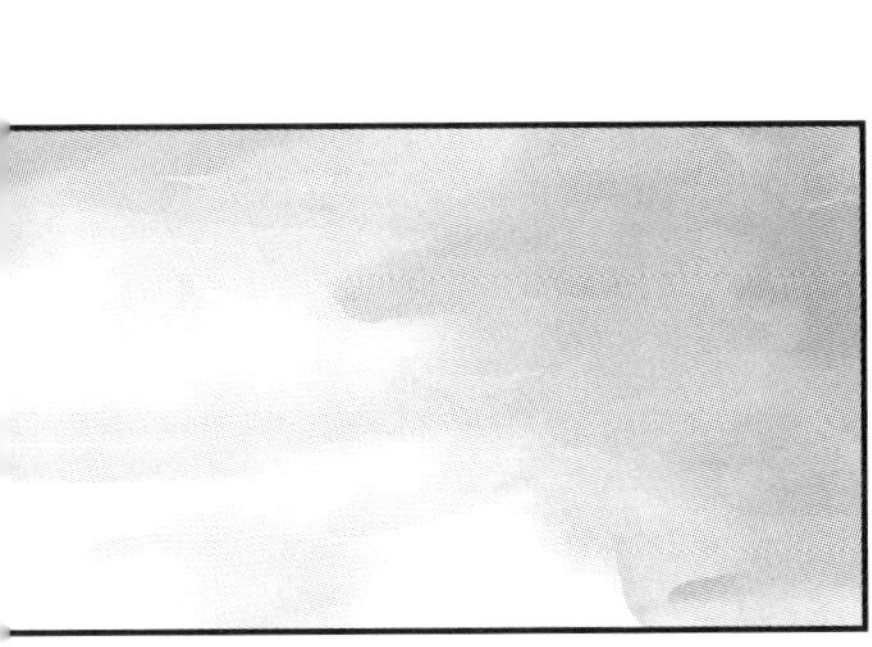

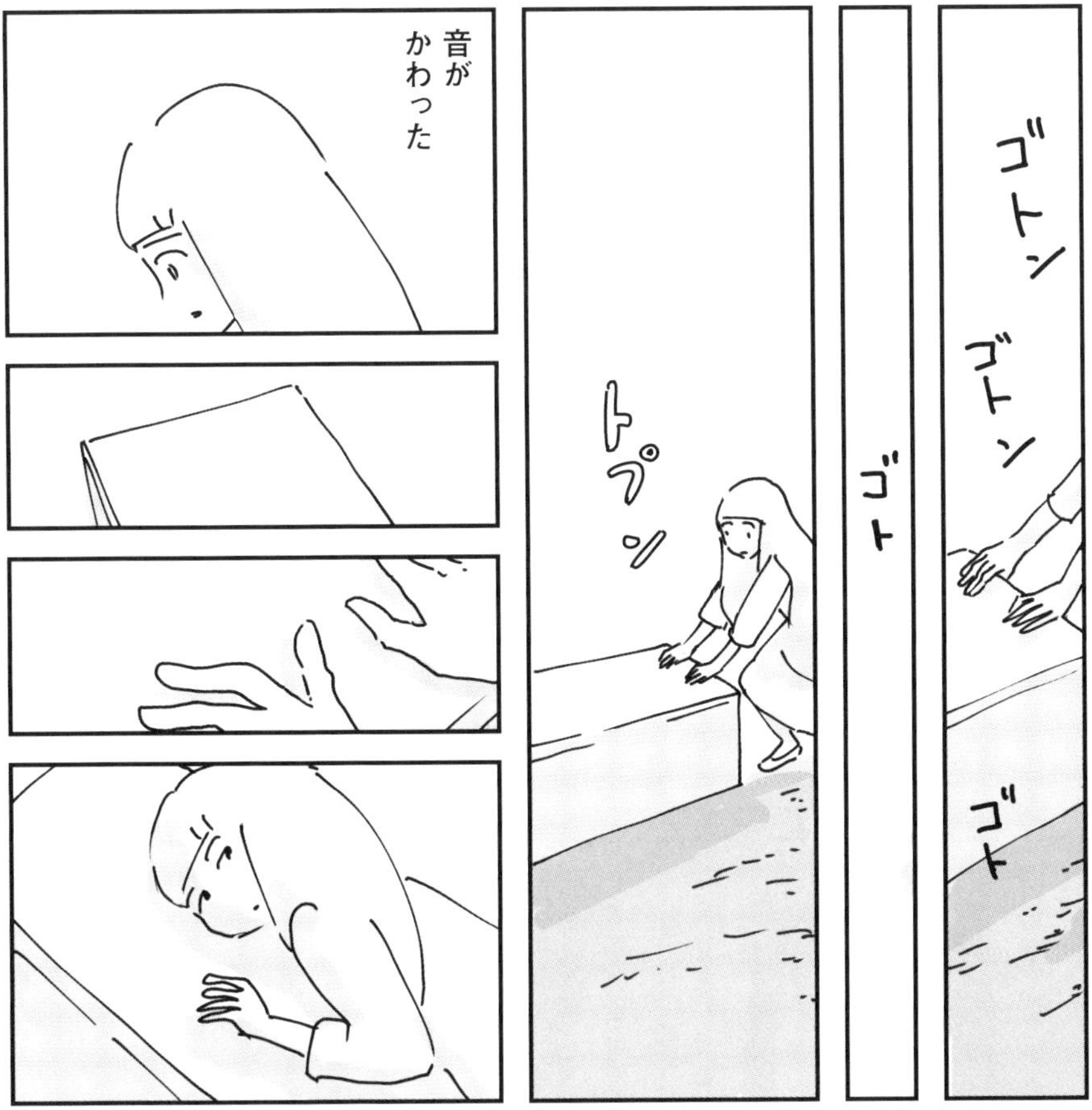

22

沖縄

○月×日、暗い夜の中にいる。わたしは天井を見上げている。生い茂った緑の隙間から、星たちが見える。あれは、はくちょう座のデネブ。こと座のベガとわし座のアルタイルは、織姫と彦星。アンタレスが赤く光るさそり座も空の低いところに見える。夜の色が濃い。海も空と同じ色をしている。色は物体が反射してできる光の色だと聞いたことがあるけれど、暗闇の中でわたしが今見ているこの色は、ほんとうは何の色なのだろう。光がなければ色は見えないのなら、この空も海も、ほんとうではないのだろうか。水面を見つめていると、ときどき何かが飛び跳

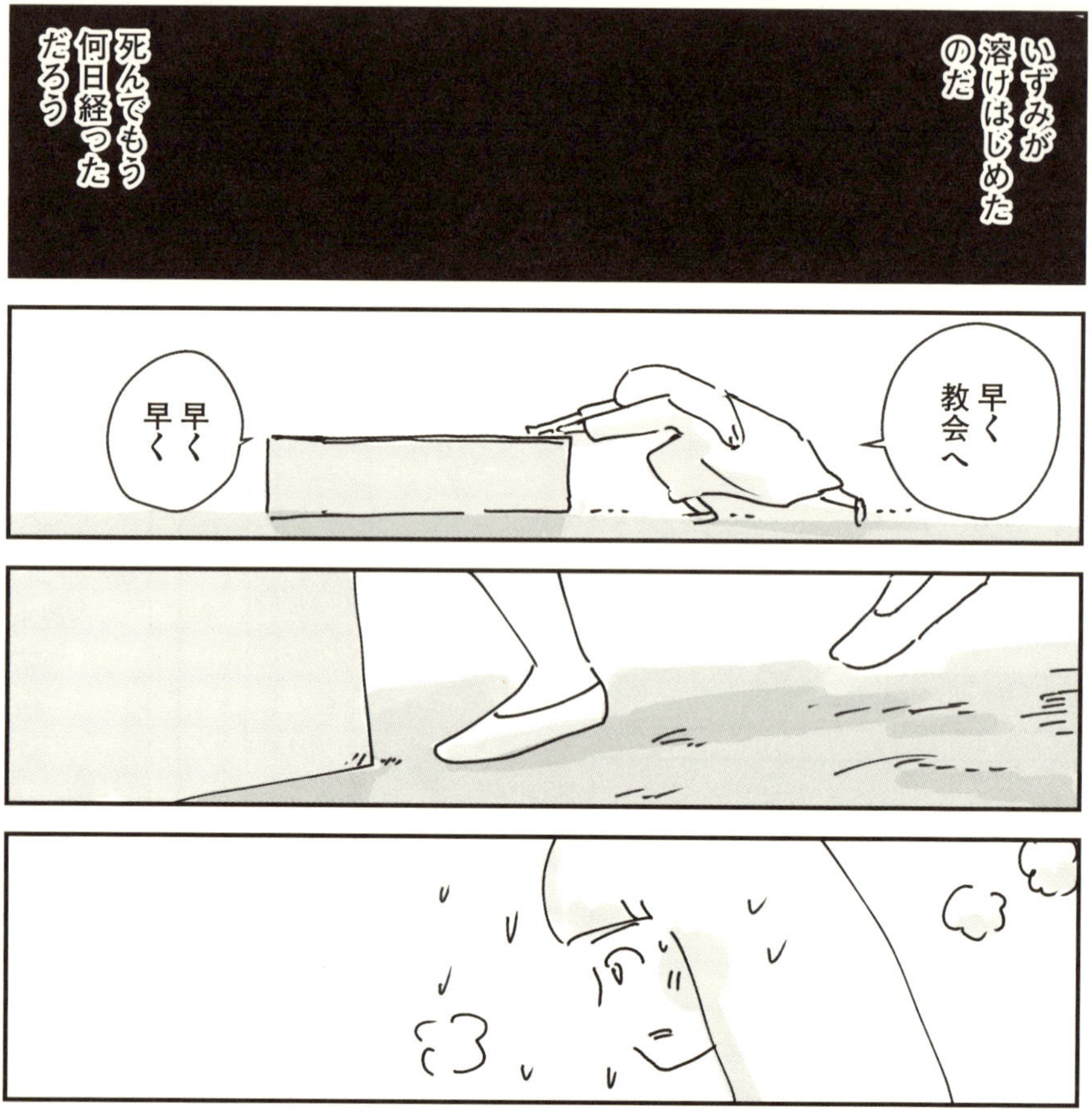

ねる音がする。何かの姿は見えなくて、水面には波紋だけが残っている。自分の影だけがすーっと伸びて、このままどこまでも伸びていって遠くのどこかのなにかと繋がってしまって、そのまま消えてしまいそう。引っぱられてしまう感覚。わたしはこわくなって、家に帰る。張ってあった白い蚊帳の中に潜り込んで、ここにいれば何にも襲われないと安心して、眠りにつく。遠くでいろんな物音が聞こえる。生物が、生きている音。死んでゆく音。白の向こう側がぼんやりとしてきた。気がつくとわたしはもう眠っている。わたしは何も喋らない。

○月×日、今日は西の海で泳ぎました。満潮の時刻に合わせて海に潜ると、ウミガメに出会いました。ウミガメは海底に生える草を食んでいます。ときどき呼吸をするために、海面に顔を出します。わたしもウミガメと一緒に呼吸をします。海面に顔を出すと、外の世界はいろんな音がしてうるさかった

です。海の中にいたら、ずっと静かなのに。わたしは呼吸をしなければならないので、長い間海の中にはいられません。ウミガメが食事を終えて沖の方へ戻ってゆく。ウミガメが見えなくなる、そのずっと向こうの海底には、わたしが普段生きている外の世界とは別の世界があるのでしょうか。音のない世界の中では、いったい何が聞こえてくるのでしょう。そこへ行ってみたい。海底に、タコのようなイカのようなものが蠢いているのを見た。わたしは何も喋らない。

○月×日、家の物置にあったぶ厚いファイルに挟まった資料を読んだ。戦争のことが書かれていた。隣の隣の家に住んでいた、喉に切り傷があって声が出ないおばあさんは、何も喋らなかった。なぜ喉を怪我しているのか、なぜ声が出なくなったのか、彼女は何も喋らなかった。わたしは戦争を知らない。わたしは、ほんとうのことを、何も知らない。知ることができない？

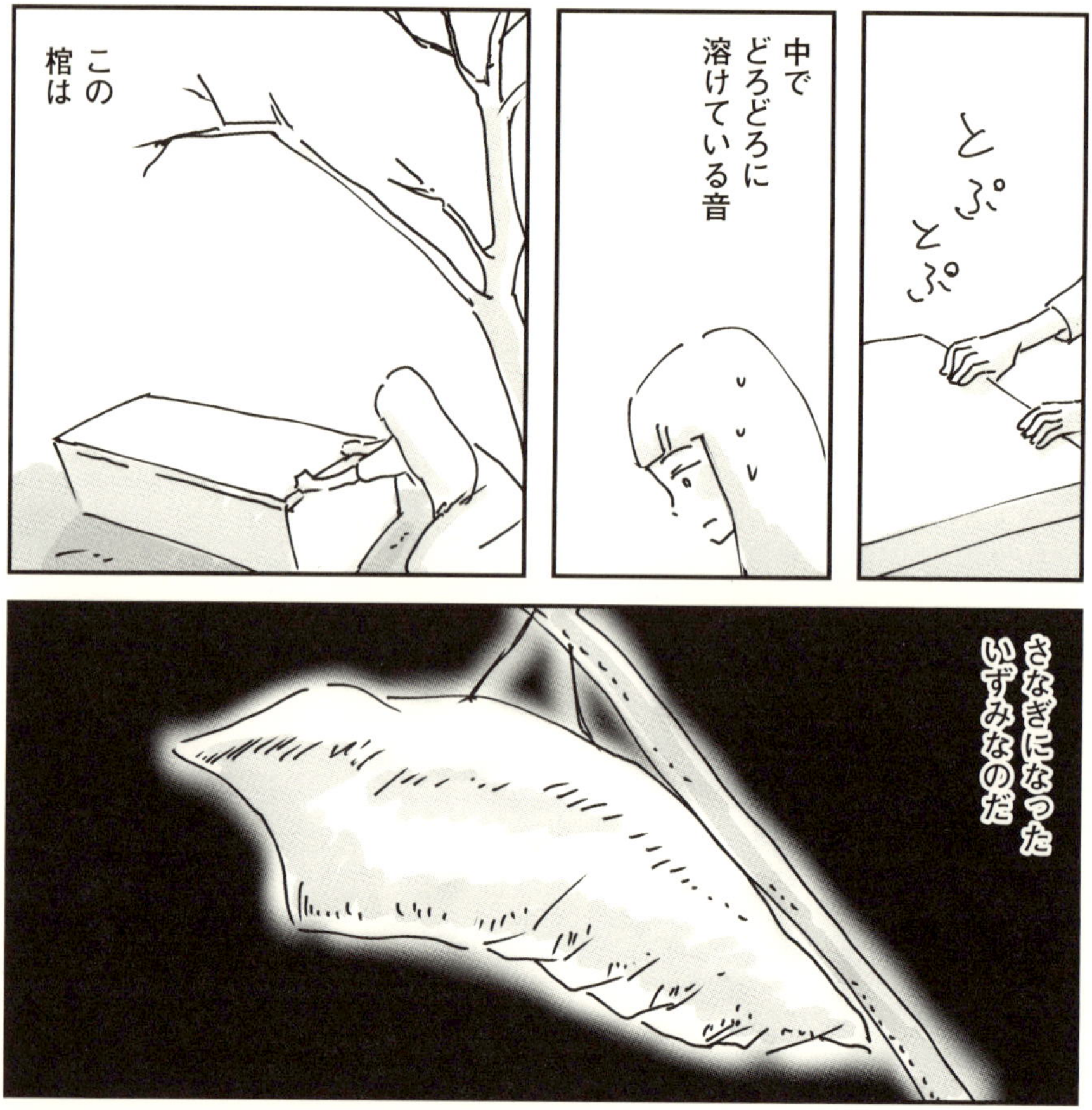

からだが焼けるように熱くて苦しい。岩山に上って、ユヒナの浜に夕日が沈んでいくのを見た。足に岩が突き刺さる。夕日が赤く淡く光っていて、海は青かった。空は澄んでいて、飛行機が二機飛んでいた。飛行機雲が見えた。わたしは、わたしが今見ているこれだけは、ほんとうのことだと思う。海と空の境目が見えない。ずっと向こう側、それはわたしの目には見えないけれど、境目はどこにもない。

P.S. 日焼け止めを塗っていたのに、水着跡とゴーグル跡をくっきりと残して日焼けしてしまいました。肩から皮がぺりぺりと剥け出して、ぜんぶの皮が剥けて脱皮したとき、中から何が出てくるだろう。

夏——
恋をしてきます
いずみが羽化した
それがわたしの仕事
では
あっ
とりのこされたいづみは

23

蝶々

○月×日、雨がしばらくの間降り続いている。わたしは数字を数えるのが苦手だから、今日が何日目の雨なのかもうわからない。1、2、3、どれくらいの時間が経っていっただろう。もしかしたら時間は少しも進んでいないのかもしれない。わたしは何も変わっていないから。枕元の目覚まし時計も電池が切れて、止まったままだ。ただ雨の音だけが聞こえる。

　青い羽根の蝶々が道端で死んでいた。あまり見たことのない、綺麗な透けた青色の羽根を、まるで宙を飛んでいるときと変わらない格好で、雨に濡れたコンクリートの上にひろげていた。垂

直に、からだはまっさかさまに落ちてゆく。あの蝶々は、アゲハチョウの一種だろうか。時間の止まった蝶々のまわりに、蟻が群がり始める。

蝶々の羽根は脊椎動物の鳥のように前足の変形からできるのではなく、胸部の背面から突き出している。だから羽根があってもじゅうぶんな歩行能力を持つ。このような羽根のあり方は、蝶々を含む昆虫と、それから肩甲骨から羽根を生やす天使にしか見られないそうだ。羽化したばかりの蝶々の羽根はしわくちゃで、体液を送り込んで羽根をのばす。のびきるまでに数十分、それが固まるまでにはさらに数時間を要する。生まれたての黄緑色の羽根は、触れればすぐに溶けて消えてしまいそうなほど脆い。

わたしは今、暗闇の真ん中にいる。目を開けているのか、閉じているのかもわからなくなるほど何も見えない真っ暗闇で、ドロドロとした何かあたたかいものに包まれている感触だけがあ

る。外からは雨の音が聞こえてきて、呼びかけてみても誰の声も聞こえない。ここがどんな場所で、どんな広さなのかも分からない。暗闇の向こうにぼんやりと、何かが見えるような気もするけれど、わたしはひとりでいて、そしてずっと、その見えない何かに向かって喋り続けている。

わたしは何になりたかった？

わたしはケーキ屋さんになりたかった。わたしは赤いウールのロングスカートが似合う長い脚になりたかった。わたしは踊りを上手に踊りたかった。わたしは料理上手なかわいいお嫁さんになりたかった。わたしは漫画家になりたかった。わたしはお母さんのようになりたかった。わたしは魔法使いになりたかった。わたしは瞳が大きくて長い黒髪で微笑む銀幕の中の女優さんになりたかった。わたしは、何にだってなれた。わたしというものをかたちづくったのは、わたし自身だ。わたしは、まだ誰も知らない、語られていな

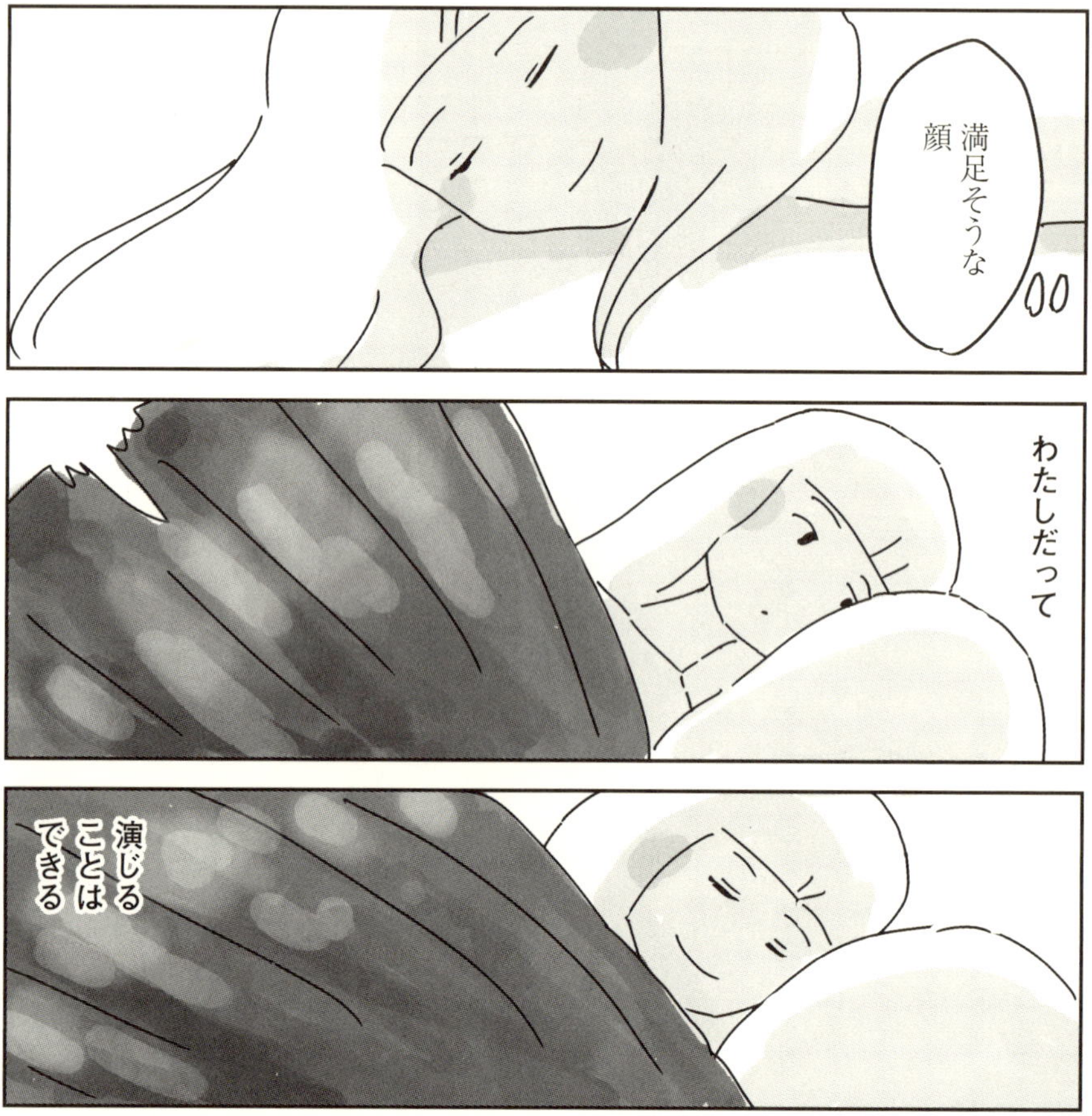

い、言葉になっていない何かが、ほんとうは何であるのかを、この世界がなぜこんなふうであるのかを、知りたかった。そしてそれを、誰かに見せたかった。わたしは物語を作りたかった。はてしなく続いてゆく物語。それは、どんな物語？

わたしのからだを破いて、早く出てこい、青い羽根を持った、あたらしいわたし。

わたしのために、わたしは喋り続ける。

ふと、暗闇の隙間がドアのように開いて、光が漏れる。

わたしの時間は、まだ止まっていないみたいだ。

わたし
いづみは
なぜ旅をして
なぜ
演じつづけるのか
ああ
そうだ——

終

いずみ

「いづみへ
そっちはまだあたたかいですか？
ここは寒いです。今いる劇場は元ビスケット工場を改築したもので、バーもレストランもハマムも併設された素敵なところです。終演後のバーでのお喋りが弾みます。
あなたに話したいと思うことが沢山ある。でもメールにするとまた間違えたりするし長くなるから紙に書いてみたけど文字をみられるというのは秘密を知られるみたいで何だかこわく、文字でも写真でも何かが残ることそれ自体がとてもこわく、だからわたしは手紙を書かないのでした。どうしても誰

かにみられるおそれがあるサインの時などは文字も変装させて書いています。手書きの文字をみるとどきどきします。

昨日は街に海底のメリーゴーラウンドをみにいきました。ジュール・ヴェルヌの作品世界をイメージして作られた三階建のそれは、ＳＦファンのあなたがみたら大はしゃぎするだろうと思いながらわたしはダイオウイカの背に乗り深海を回遊しました。

それから今日の上演中にわたしは大きな気づきを得ました。わたしの言葉によって相手役が身をよじらせたり表情を変えたりすること。知っているのとみえているのとは違う。今日からそれがはっきりとみえた。これまでとは違う仕方で、気づいたのです。三百人の観客がわたしをみていることにも。

そしてわたしはこの作品でだって、いつだって想像をし続けているということ。想像できることは、信じることができる。そんなせりふを喋りながらそのこと自体に気づいたのです。ジュ

ール・ヴェルヌも同じことを書いていたね。そういう時はたいてい客席の反応は芳しくないのですが、わたしはまるで魔法にかかったみたいでした。

朝、教会の鐘の音を聞きながらコンパスをセットして東の方角を確認し、そこにいるあなたに向かって話しかけます。世界を、神を信じたいのではなく、知りたいのだ、というあなたの言葉がよくわかります。何を言うか、ではなく、結果がほしいのだ、というのも。

明日も東の方角に向かってわたしは話しかけます。元気ですか？　風邪など引いてませんか？　そうして思います。すべてのわたしたちは、はてしなく広いこの世界で、どうしてこのように出会うことができたのだろう。まだ言葉にならないものが、わたしの中にあります。想像は、枝葉を広げてどこまでも伸びていきます。

この文章は、わたしが書いてるのじゃない文章みたい。こんなふうにゆら

ゆらと漂いながら、あなたに会いにいけたらよいのに。そんな簡単なことがなぜできないのだろう。ほんとうはただ会いたいだけなのです。海底二万里を漂うダイオウイカのわたしは今、深い眠りの底でそんなことを想像しています。あなたは知っていると思いますが、わたしは想像することが得意なのです。たとえわたしたちが有限だとしても、想像は、ずっとずっと、つづいてゆく。

　そしてあなたの想像で、きっと世界は変わります。これは夢ではないよ。わたしは今ここにいて、あなたの今も、確かにここにあります。

　P.S.　お土産あります。賞味期限があるから、近いうちにまた会いましょう。白紙でもいいから、あなたからの手紙を待っています。」

あとがき

エピローグは長いほうがいいのか、短いほうがいいのか。

わたしがはじめて舞台に立ったのは保育園のお遊戯会。魚のエイの役。終わりを見たことのない、どこまでも青い海を漂うように泳いで、空を見るために、飛ぶの。海にはエイより小さい魚や大きい魚、鯨、珊瑚、イソギンチャク、なんだかわからないもの、いっぱいいた。空には鳥がいた。夜には星があり、雷が光り、揺れ、眩しい太陽が海から生まれてくるのを見た。

それからわたし、何度も変わっちゃったみたい。地上にはひとがたくさんいて、ひと以外のものもたくさんあって、言葉もたくさんある。その中のどれもわたしの名前を知らない。わたしの名前、消えていく。今あるわたし以外のわたしは、何もかも消えてしまったらいいのに。この文字だって、読んだ端から灰になって崩折れてなくなったり、一文字ずつぺらぺらと紙から剥がれて風船のように宙へ飛んでいったりしてしまえばいいのに。何かを変えてしまうかもしれないこと、変えられないものがあることを知ってしまうのがこわい。でもわたしは知りたい。ほんとうのことを知りたい。

どんなに忘れても、かたちに残っていなくても、いつかこの瞬間を思い出すと思ったたくさんの瞬間があったことを、わたしは覚えている。きっとあなたも覚えている。想像すること。

今日も赤い火が灯る夜の空が綺麗だ。すべてはただそう見えるだけ。

芸術とは生死をかけた営為であり、演劇とは存在にかかわる行為である。

残ってゆくのは、わたしではない別

の誰かでいい。女優はわたしひとりでいい。
まだ見ぬもの、見えないもの、言葉にならないなにかを探し続けること、これから生まれてくる言葉たちに、だいじょうぶ、こわがる必要はない、世界は美しく、素晴らしいのよ。そう教えてあげたい。そのためにわたしはこの世界を変えたい。

ほんとうは、あのときのエイは、水族館にいたエイなの。四角い水槽に入れられて、四角い劇場の箱に入れられて、四角い本に閉じ込められて、嘘の世界のなかでしか見られないほんとうを生きて、わたしはあなたに見られ、そしてあなたはわたしに見られている。

二〇一九年三月

青柳いづみ

初出　『ちくま』
二〇一五年九月号―二〇一八年一月号
（二〇一七年四―六月号、
一一―一二月号休載）

写真　川島小鳥
ヘアメイク　赤間直幸
スタイリスト　藤澤ゆき
協力　公益財団三鷹市スポーツと文化財団
装丁　川名潤

今日マチ子（きょう・まちこ）

東京都出身。二〇〇五年、「ほぼ日マンガ大賞」入賞。二〇一四年、『みつあみの神様』などにより手塚治虫文化賞新生賞を受賞。二〇一五年、『いちご戦争』により漫画家協会賞大賞を受賞。他の作品に『センネン画報』、『cocoon』、『アノネ、』、『ぱらいそ』、『みかこさん』、『猫嬢ムーム』、『もものききかじり』など多数。

青柳いづみ（あおやぎ・いづみ）

東京都出身。二〇〇七年、マームとジプシーの旗揚げに参加。二〇〇八年、『三月の5日間』ザルツブルグ公演よりチェルフィッチュに参加、以降両劇団を並行し国内外で活動。近年は演出家・飴屋法水や彫刻家・金氏徹平との活動、音楽家・青葉市子とのユニット、またナレーション、文筆活動なども行う。主な出演作に『現在地』、『部屋に流れる時間の旅』（以上チェルフィッチュ）、『cocoon』、『カタチノチガウ』、『sheep sleep sharp』、『BOAT』、「マームと誰かさん」シリーズや小説家・川上未映子との共作『まえのひ』『みえるわ』など（以上マームとジプシー／藤田貴大作品）。

いづみさん

二〇一九年五月二五日　初版第一刷発行

著者　今日マチ子
　　　青柳いづみ

発行者　喜入冬子

発行所　株式会社筑摩書房
〒一一一－八七五五
東京都台東区蔵前二－五－三
電話番号　〇三－五六八七－二六〇一（代表）

印刷・製本　三松堂印刷株式会社

ISBN978-4-480-80485-3